飾る・使う・贈る
暮らしの折り紙

小林一夫　監修

池田書店

Contents

この本の使い方 ……………………………… 5

折り図の記号と折り方

谷折り、山折り、折り筋をつける、
向きを変える、裏返す ……………………… 6

拡大、間を開く、★と☆が合うように折る、
等分にする、切る、差し込む ……………… 7

段折り、巻き折り、中割り折り、かぶせ折り ……… 8

基本の形の折り方

ざぶとん折り ……………………………… 9

四角折り …………………………………… 10

三角折り …………………………………… 11

花の基本形 ………………………………… 12

鶴の基本形 ………………………………… 13

正五角形 …………………………………… 14

正六角形 …………………………………… 15

正八角形 …………………………………… 16

Chapter 1
季節を彩る折り紙

桜 …… 18	出目金 …… 50
チューリップ …… 21	ほおずき …… 53
ぼたん …… 24	桔梗 …… 57
カーネーション …… 28	バラ …… 60
かえると傘 …… 31	菊 …… 62
花菖蒲 …… 38	梅 …… 66
ゆり …… 40	椿 …… 69
あじさいとかたつむり …… 42	水仙 …… 72
睡蓮 …… 46	

犬のきもち …… 76
　基本の犬 …… 78
　おすわり …… 80
　おて …… 81
　ちんちん …… 82
　ふせ …… 82

Chapter 2
楽しい行事の折り紙

正月 …… 84
　門松 …… 85
　扇の鶴 …… 87

節分 …… 90
　鬼 …… 91
　豆入れ …… 93

ひなまつり ……………………………… 94
　男雛 …………………………………… 95
　女雛 …………………………………… 99
端午の節句 …………………………… 101
　初陣人形 …………………………… 102
七夕 …………………………………… 105
　着物（織姫） ……………………… 106
　着物（彦星） ……………………… 107
　牛 …………………………………… 108

星飾り ………………………………… 109
鶴の七夕飾り ………………………… 110
お月見 ………………………………… 112
　うさぎ ……………………………… 113
　三方 ………………………………… 114
クリスマス …………………………… 116
　クリスマスツリー ………………… 117
　サンタクロース …………………… 118
　ブーツ ……………………………… 120

Chapter 3
生活に役立つ折り紙

ぽち袋 ………………………………… 122
祝儀袋 ………………………………… 126
六角たとうと八角たとう …………… 131
香り包みと薬包み …………………… 134
プレゼントボックス ………………… 137
花の小箱 ……………………………… 140

持ち手つきかごと小鉢 ……………… 143
小鳥でモビール ……………………… 146
コースターとポット敷き …………… 148
和風の箸袋とあやめの箸袋 ………… 150
カードケース2種 …………………… 153
札入れ2種 …………………………… 157

この本の使い方

折り図は両面折り紙を使っています。紙の表と裏はプロセス1に示してあります。

ひとつ作るのに必要な材料です。あじさい（→p43）など、複数作ったほうが美しい場合も、ひとつ分の材料を紹介しています。

紙のサイズは作品と同じ大きさです。

作り方のコツや、紙選びのポイントなどを紹介しています。

プロセス1が途中からはじまっている作品もあります。そこまでの作り方は、記載の該当ページを参照してください。

途中で記号が出てきた場合は、それに従いましょう。記号の詳しい説明はp6～7にあります。

図には破線や矢印などが示してあり、折り方を表しています。記号の詳しい説明はp6～8にあります。

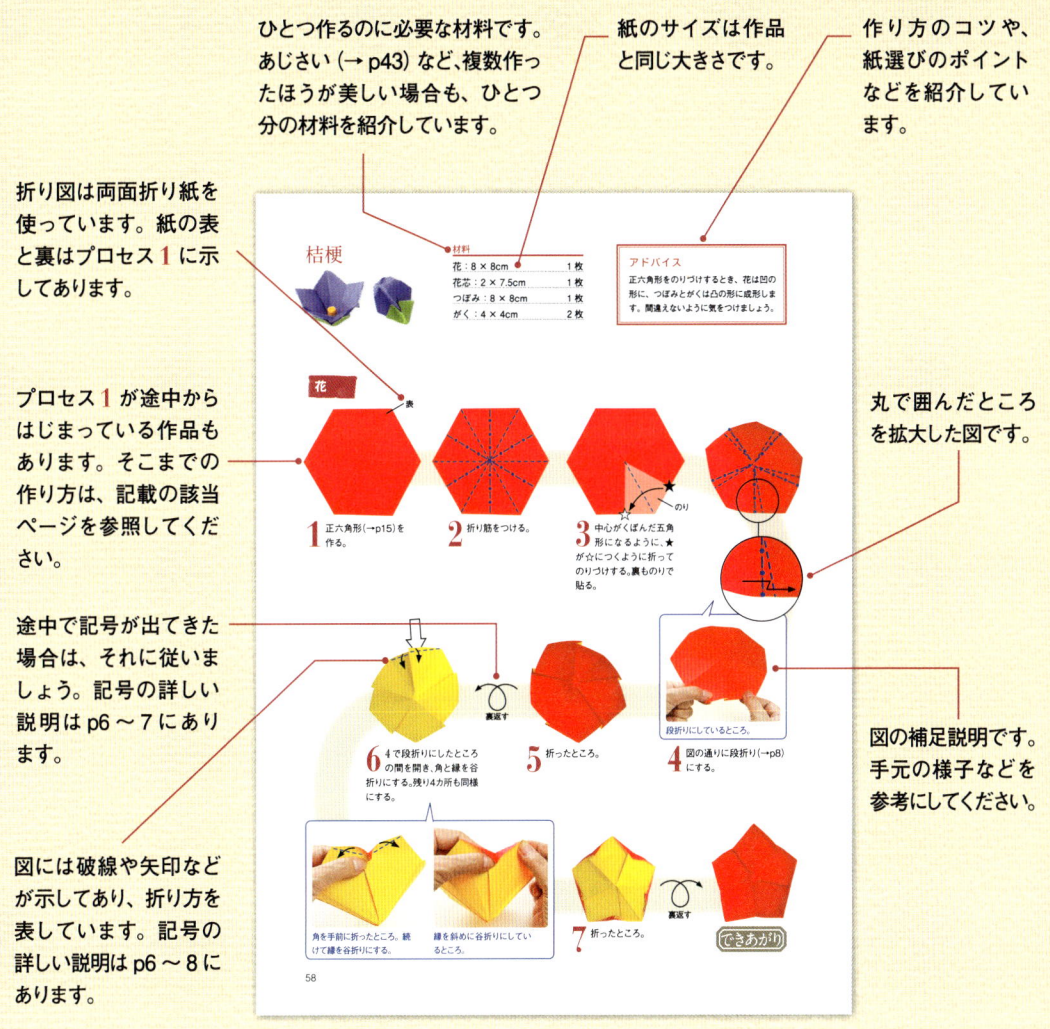

丸で囲んだところを拡大した図です。

図の補足説明です。手元の様子などを参考にしてください。

きれいに仕上げるために

- 折り筋は折る際のガイド線になることが多いので、しっかりつけましょう。

- 紙のサイズが小さい作品は、大きめの紙で練習してから折ると失敗を防げます。

- 折り筋を多くつけてから折りたたんでいく作品は、練習用として別の紙で折って広げ、そこに谷折り線と山折り線の記号を書くとわかりやすくなります。

- 真っすぐに折りたいときや、正確な幅で折りたいときは、定規をあてて折るときれいに折れます。

- 折り図の通りに折れているか、図の記号や折り方をよく見てください。折り進めるときは、ひとつ先の折り図を見て次の工程ではどのような形になっているかを確認し、その形を目標にしましょう。

- のりは木工用の接着剤が適しています。スティックのりはつけるときにこすってずれるので避けましょう。

折り図の記号と折り方

この本で使う記号と、その折り方を説明します。
作品を作るときは、これらの記号を確認しながら折りましょう。

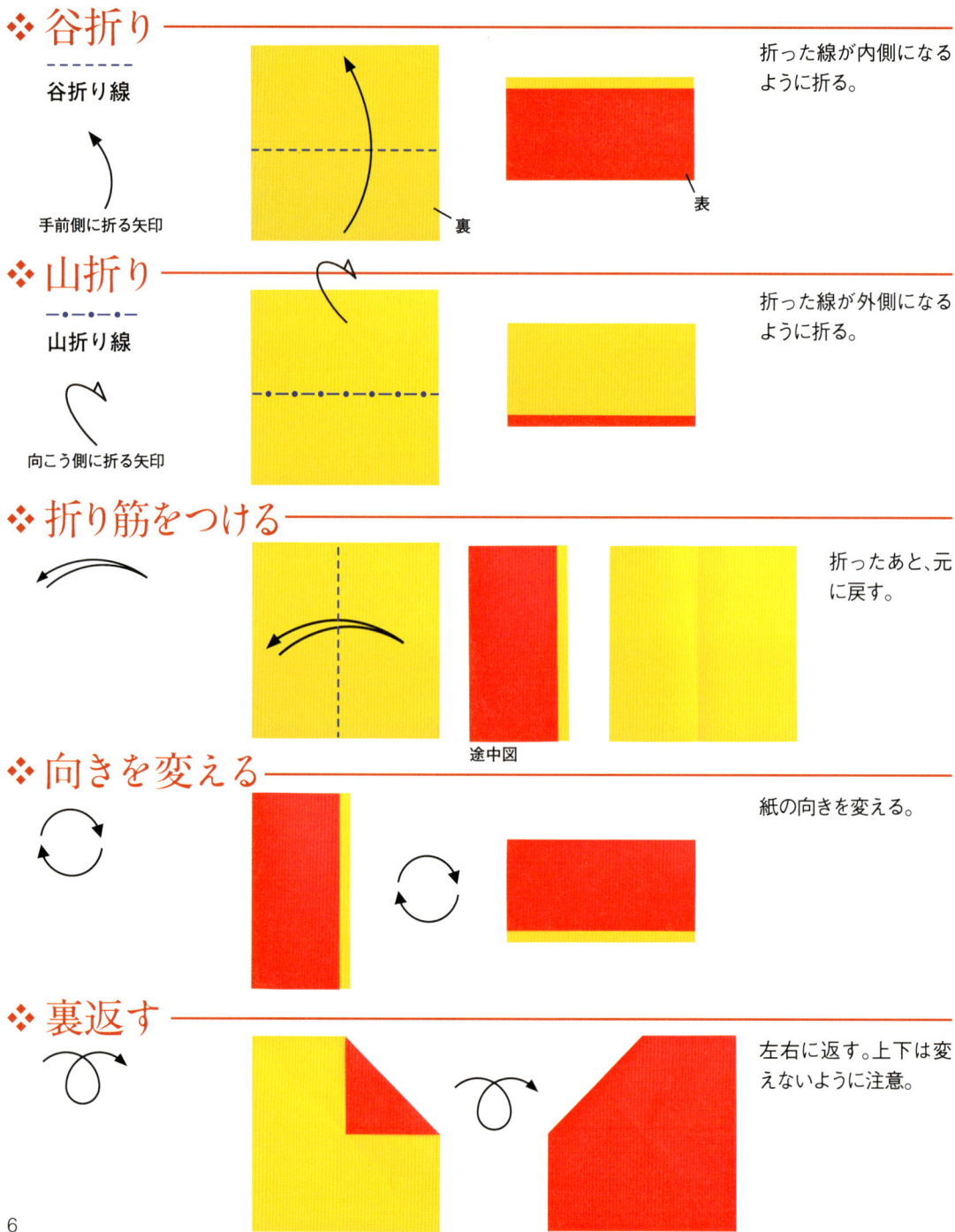

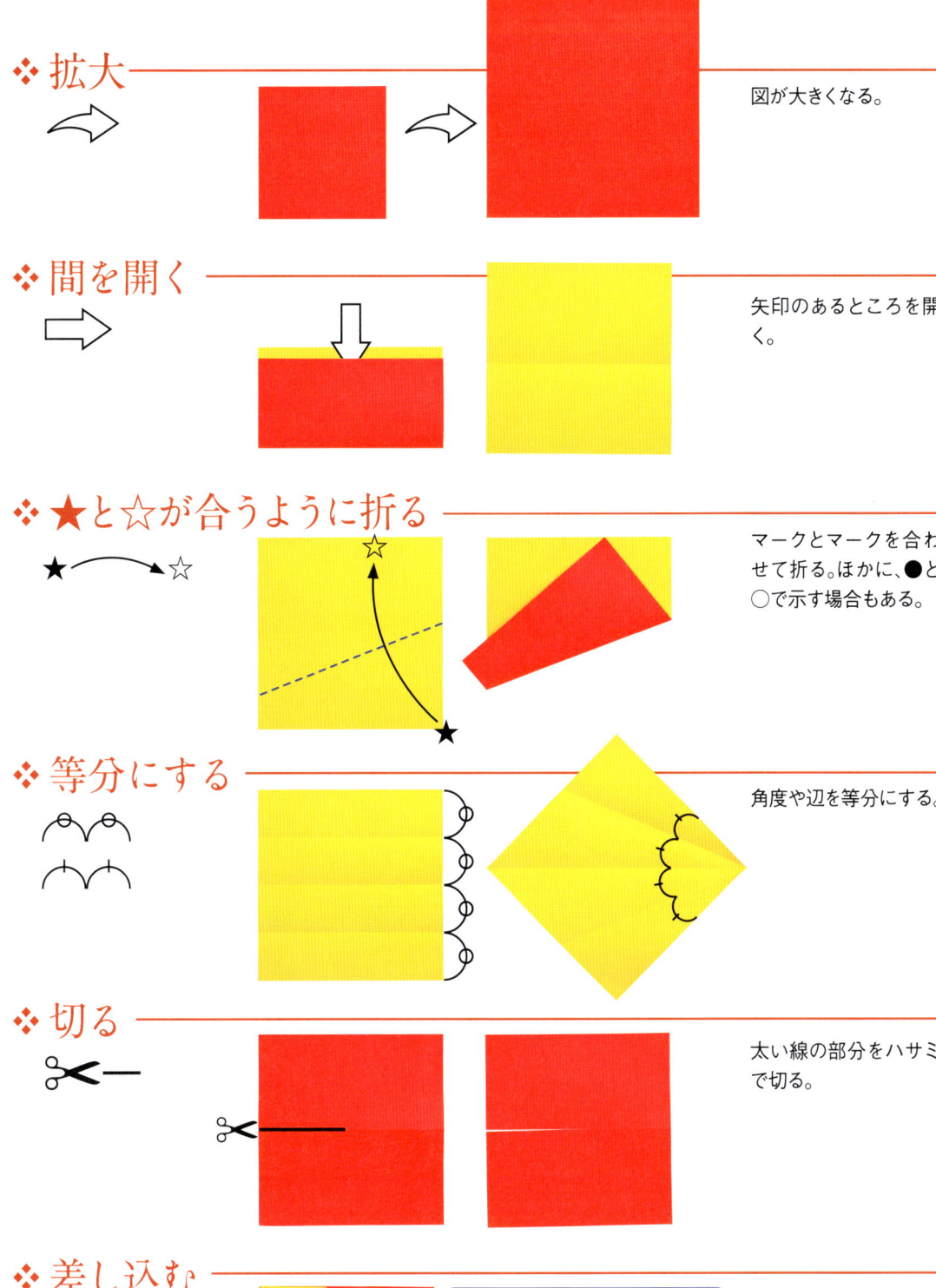

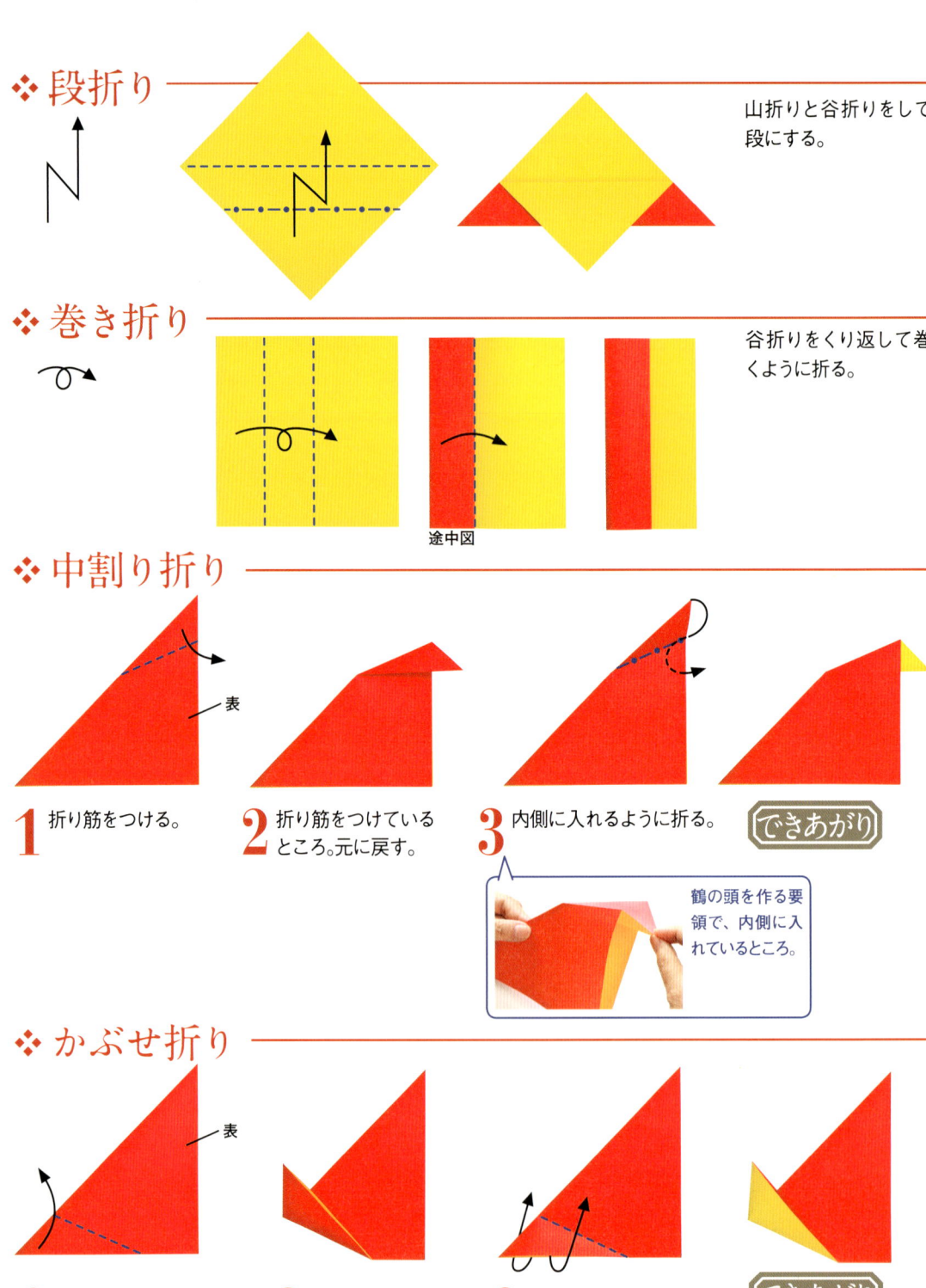

基本の形の折り方

この本でよく出てくる折り方を「基本の形」としてまとめました。
基本の形ではじまる作品は、説明を省略しているので、このページを参考にしてください。

❖ ざぶとん折り（折り筋をつけない折り方）

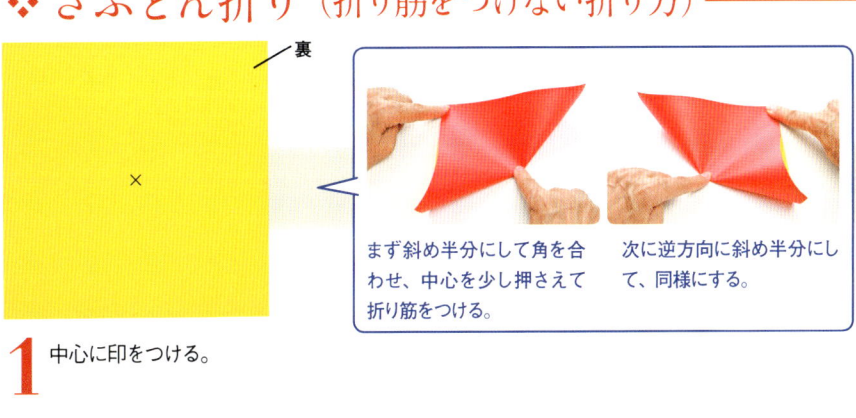

まず斜め半分にして角を合わせ、中心を少し押さえて折り筋をつける。

次に逆方向に斜め半分にして、同様にする。

1 中心に印をつける。

4 左下の角が中心に合うように折る。

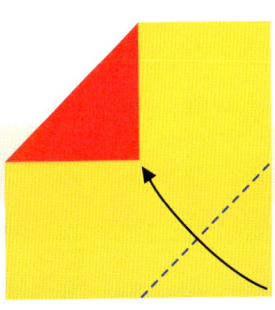

3 右下の角が中心に合うように折る。

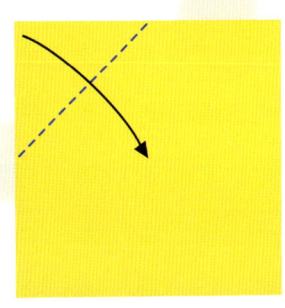

2 左上の角が中心に合うように折る。

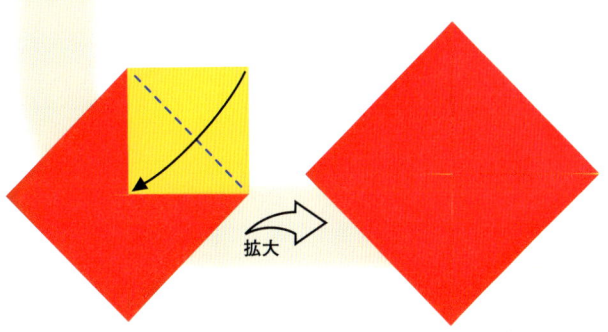

5 右上の角が中心に合うように折る。

できあがり

アドバイス

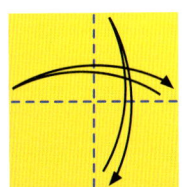 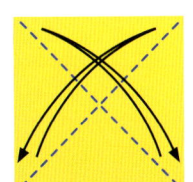

ざぶとん折りは、写真のように、四角、または三角に折り筋をつけてから折る方法もあります。2以降の手順は同じです。

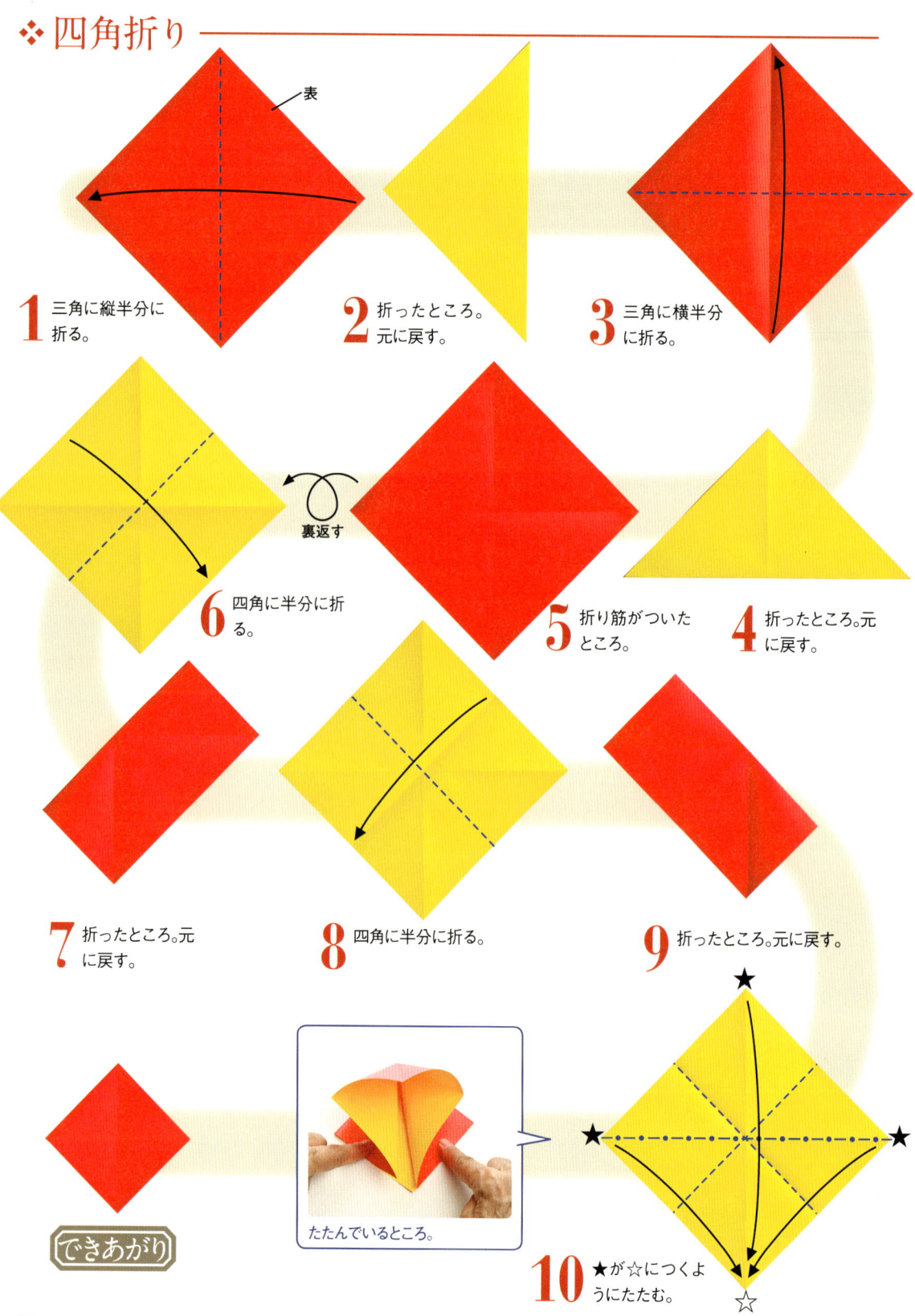

❖ 三角折り

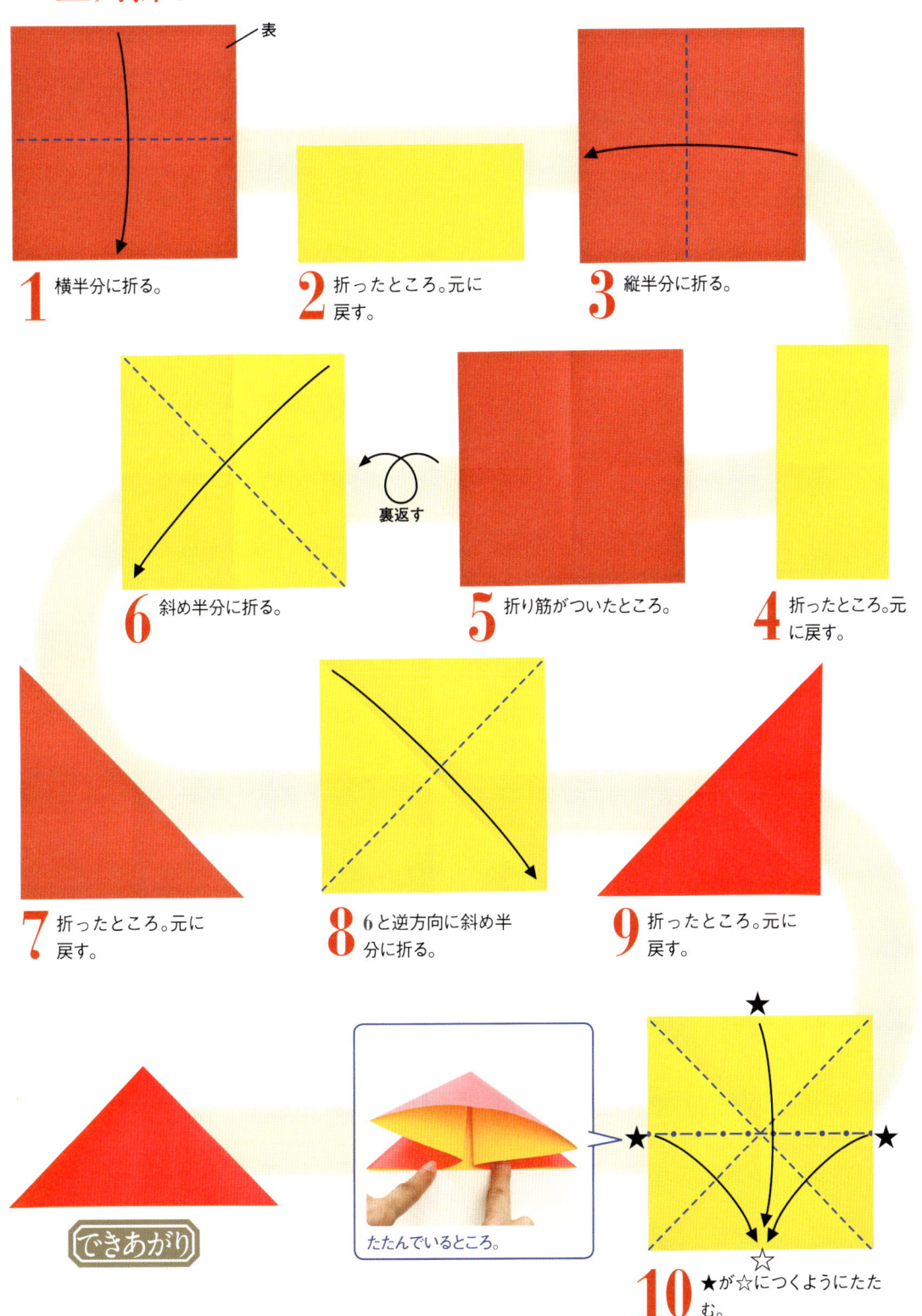

1 横半分に折る。
2 折ったところ。元に戻す。
3 縦半分に折る。
4 折ったところ。元に戻す。
5 折り筋がついたところ。
6 斜め半分に折る。
7 折ったところ。元に戻す。
8 6と逆方向に斜め半分に折る。
9 折ったところ。元に戻す。
10 ★が☆につくようにたたむ。

できあがり

たたんでいるところ。

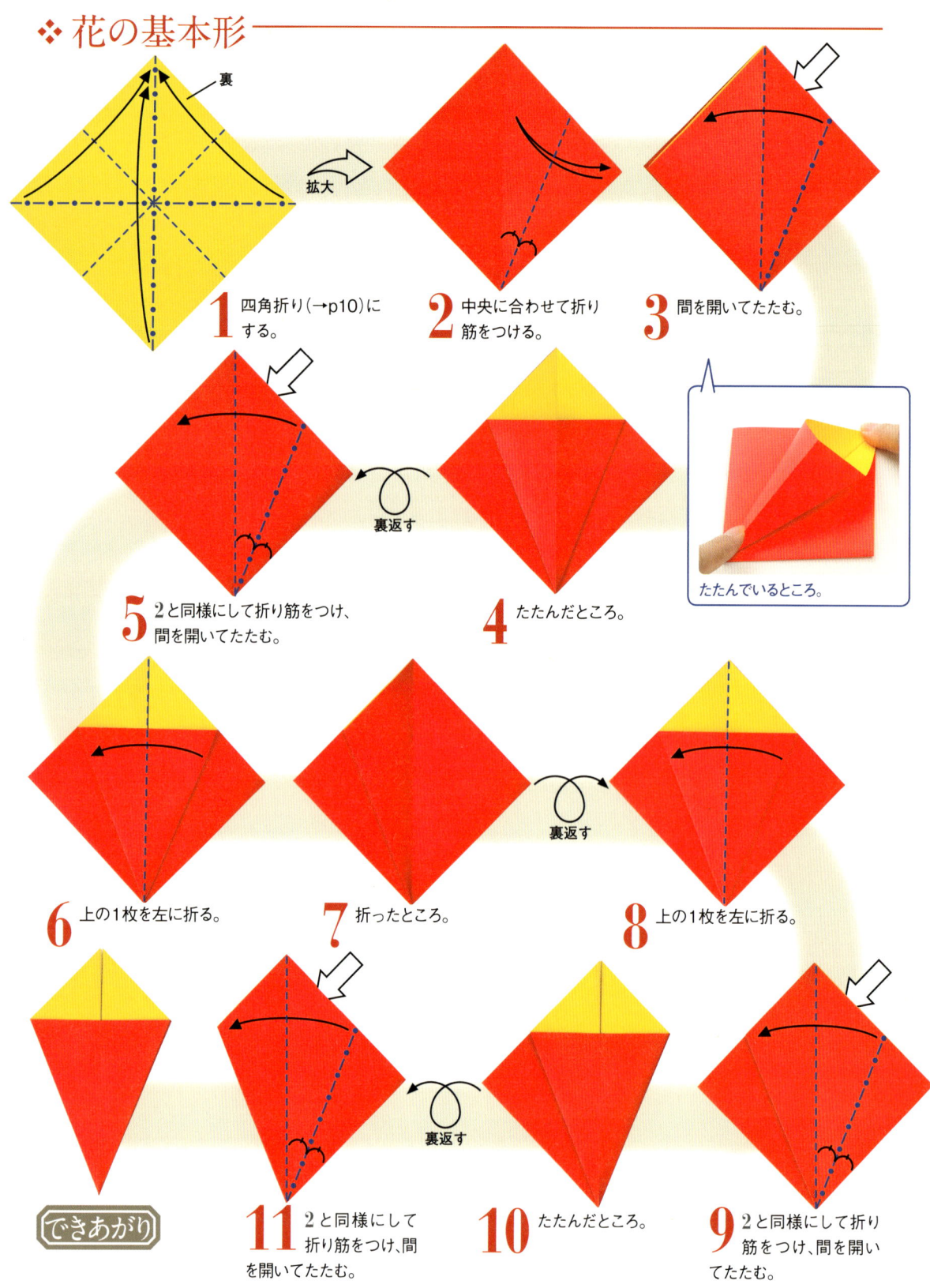

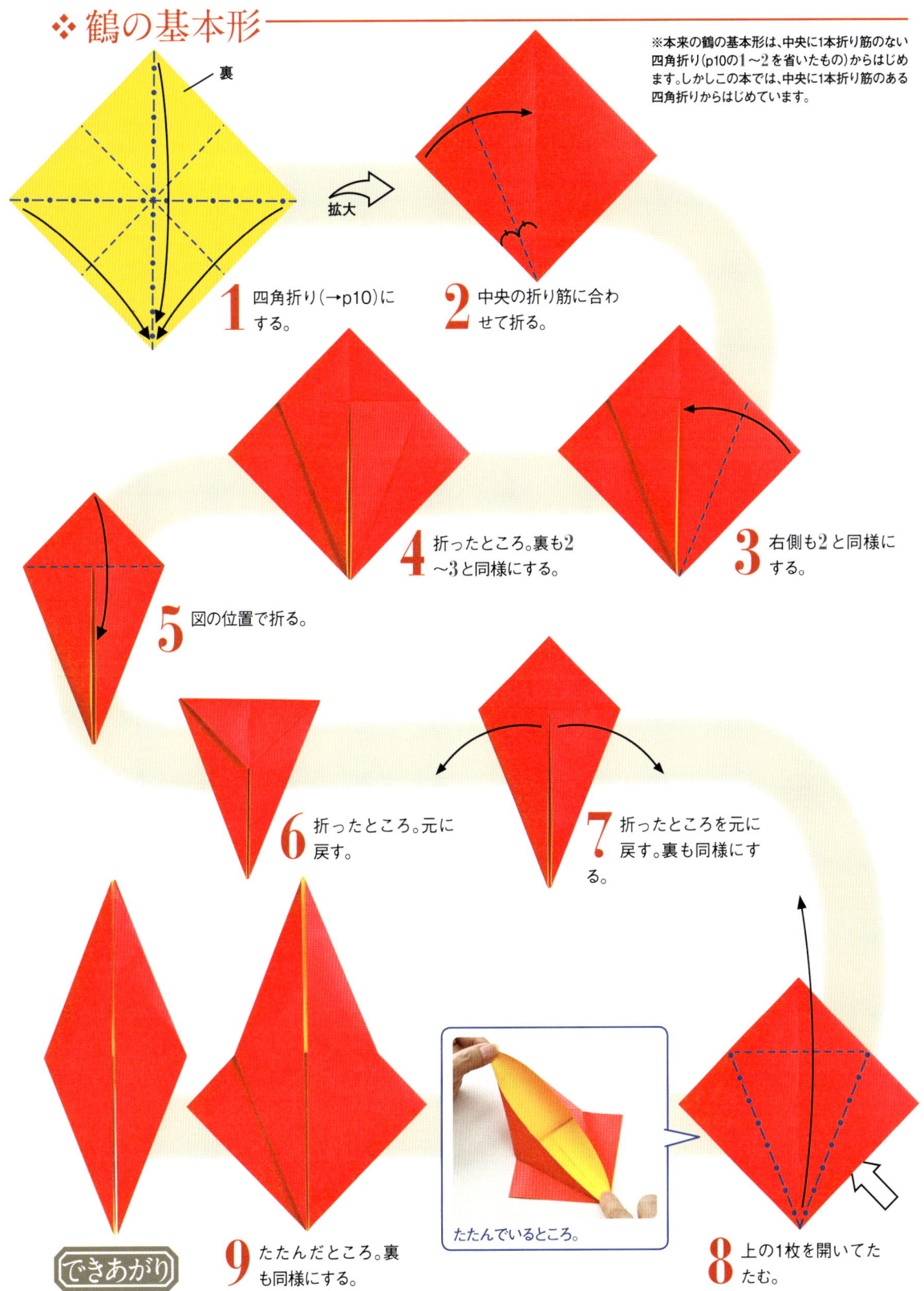

❖ 正五角形

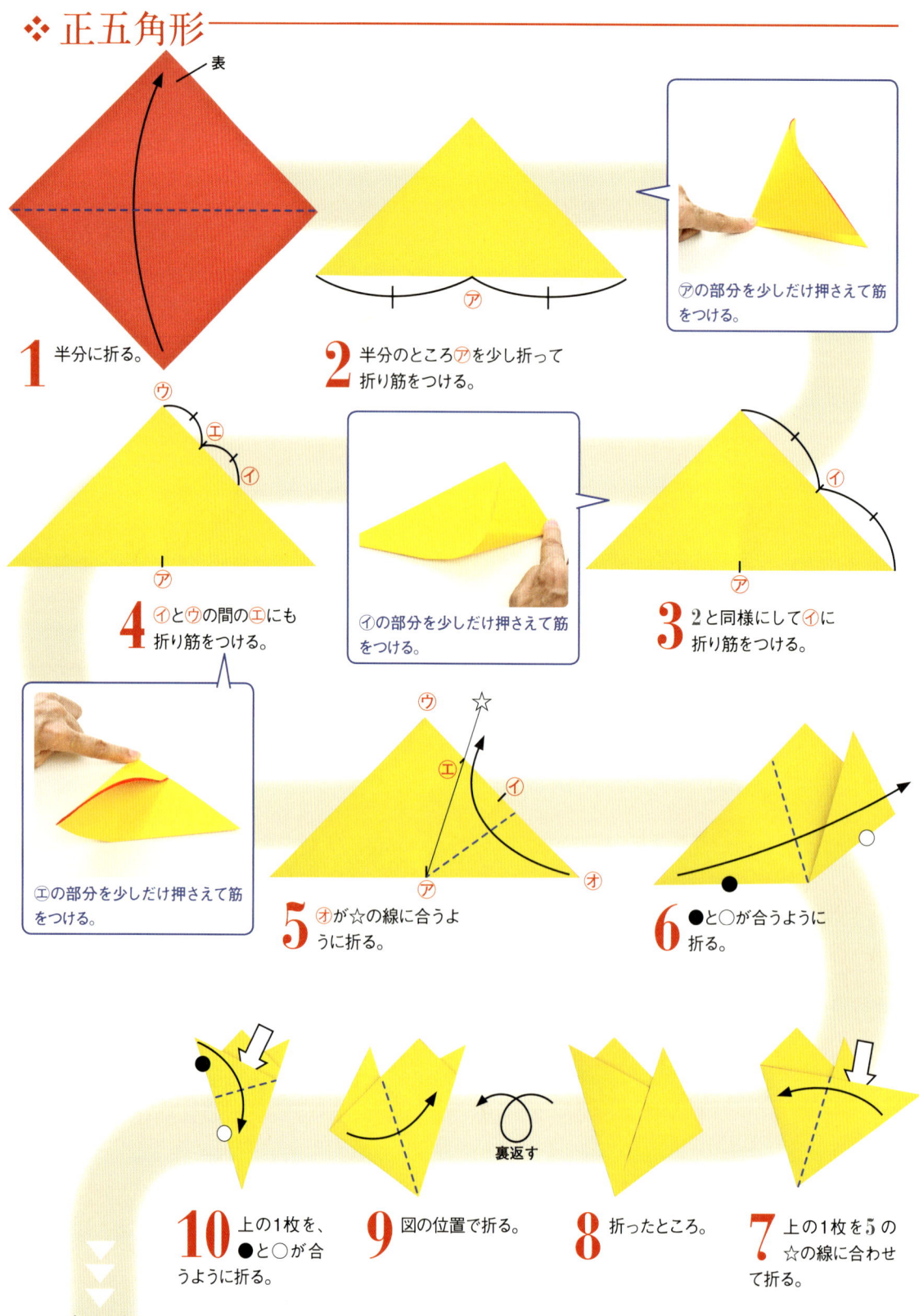

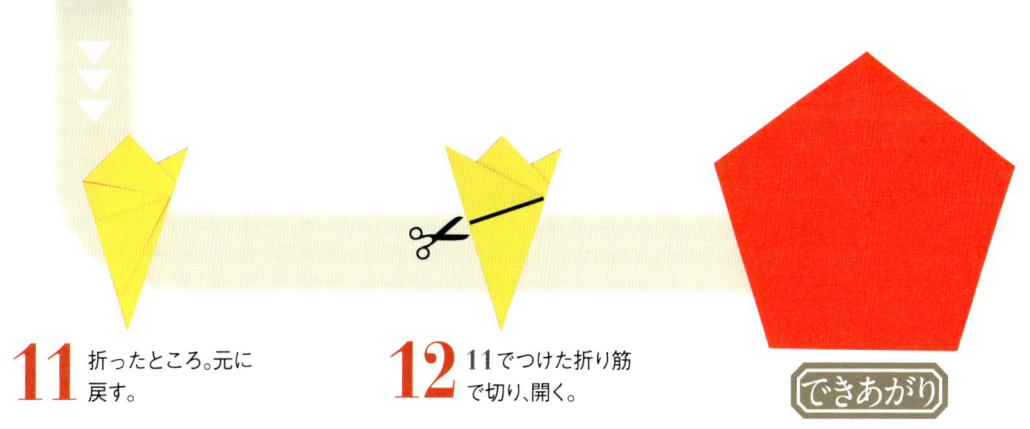

11 折ったところ。元に戻す。

12 11でつけた折り筋で切り、開く。

できあがり

❖ 正六角形

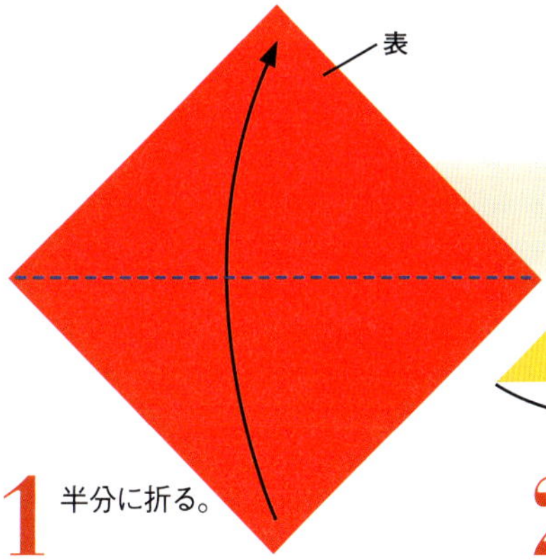

1 半分に折る。

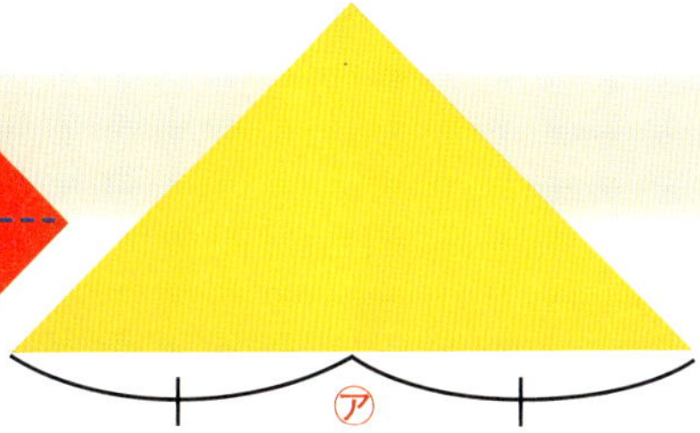

2 半分のところ㋐を少し折って折り筋をつける（折り筋のつけ方はp14参照）。

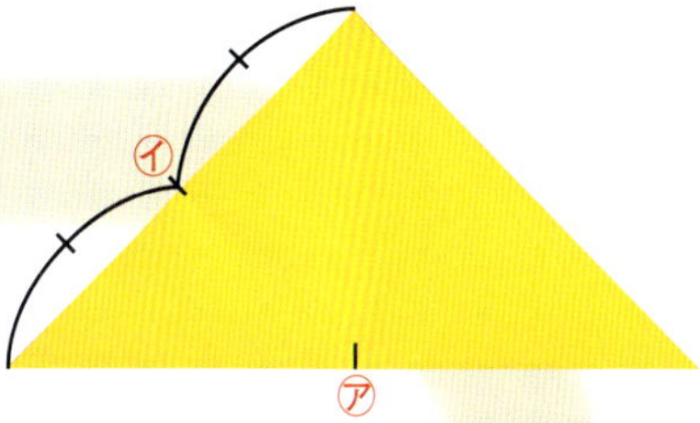

3 2と同様にして㋑に折り筋をつける。

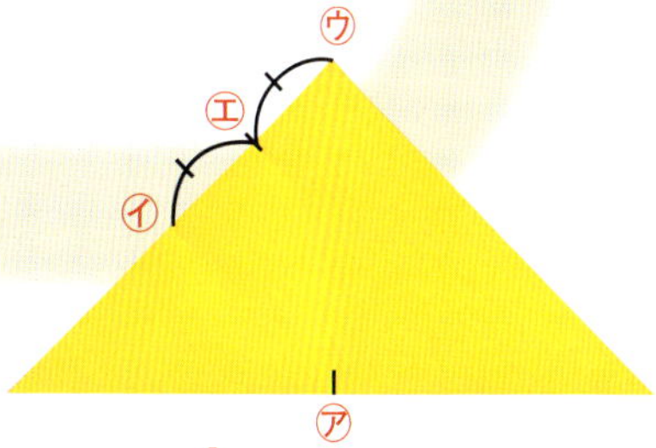

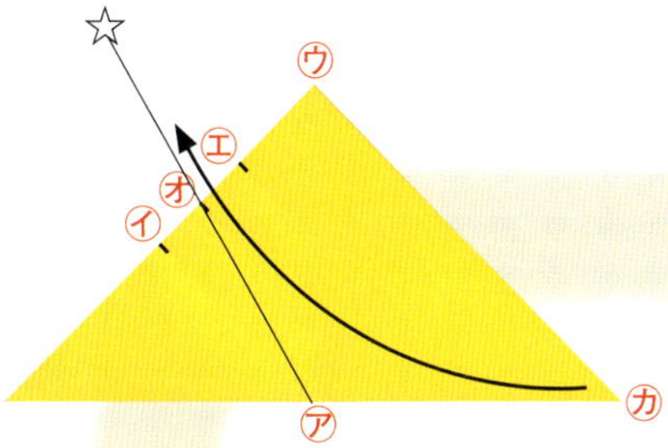

6 ㋕が☆の線に合うように折る。

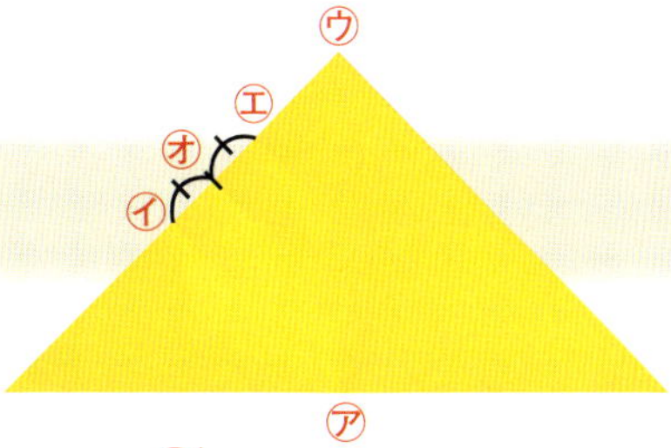

5 ㋑と㋓の間の㋔にも折り筋をつける。

4 ㋑と㋒の間の㋓にも折り筋をつける。

7 折ったところ。

裏返す

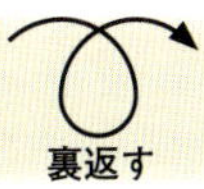

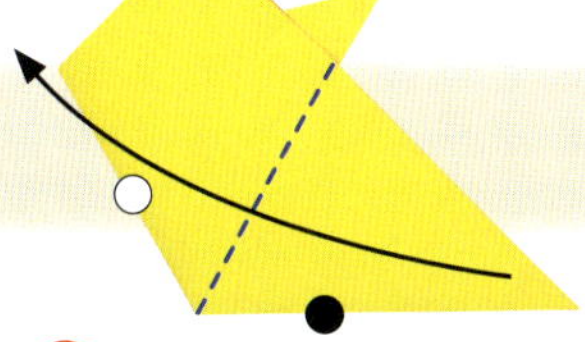

8 ●と○が合うように折る。

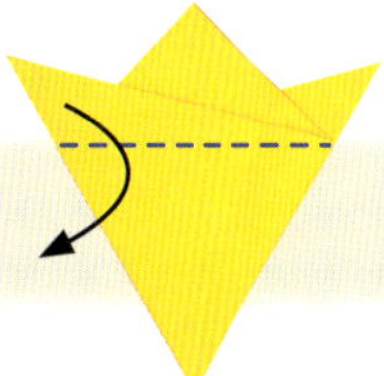

9 上の1枚を図の位置で折る。

次のページへ

15

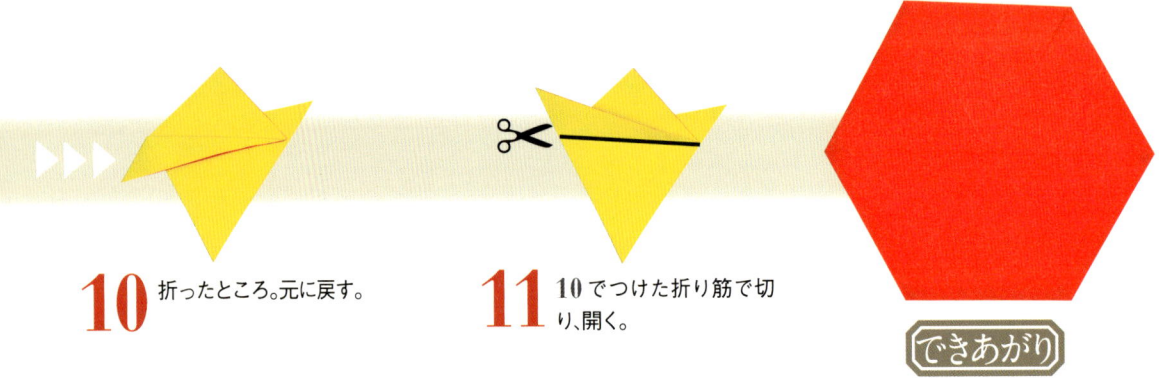

10 折ったところ。元に戻す。

11 10でつけた折り筋で切り、開く。

できあがり

❖ 正八角形 ―――――――――――――――

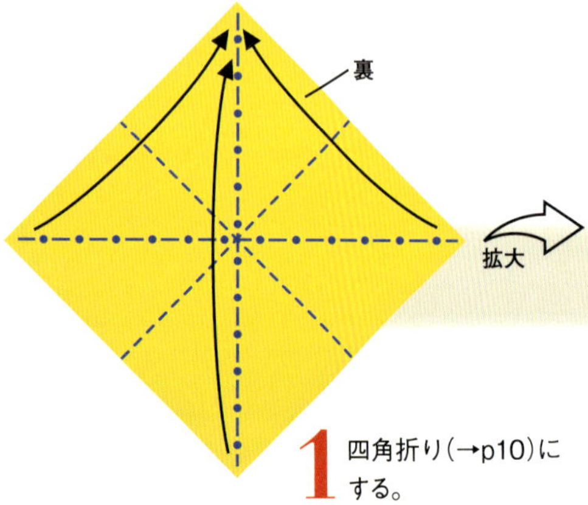

1 四角折り(→p10)にする。

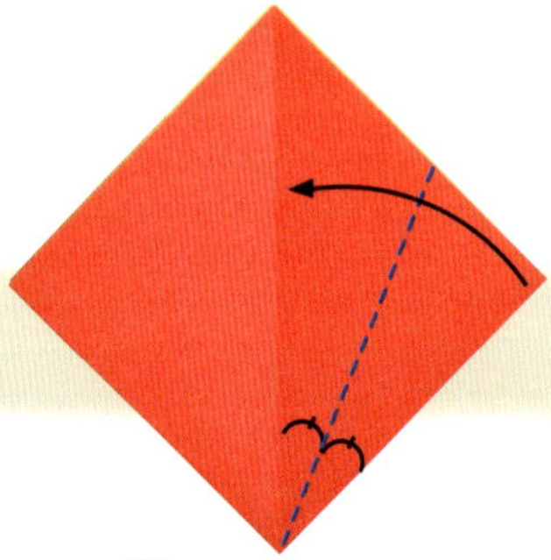

2 中央の折り筋に合わせて折る。

3 折ったところ。元に戻す。

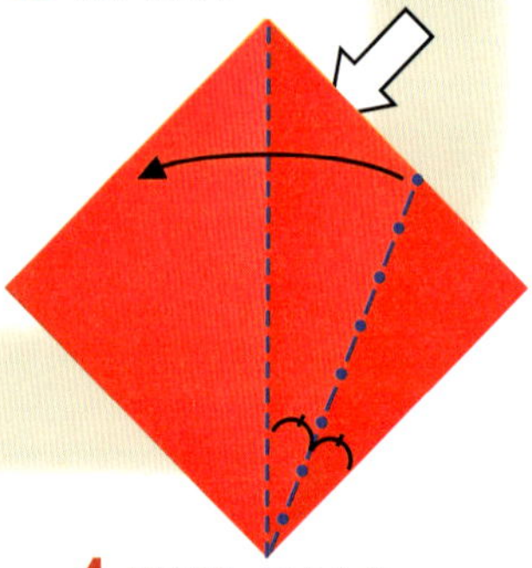

たたんでいるところ。

4 間を開いてたたむ。

5 たたんだところ。残り3カ所も2〜4と同様にする。

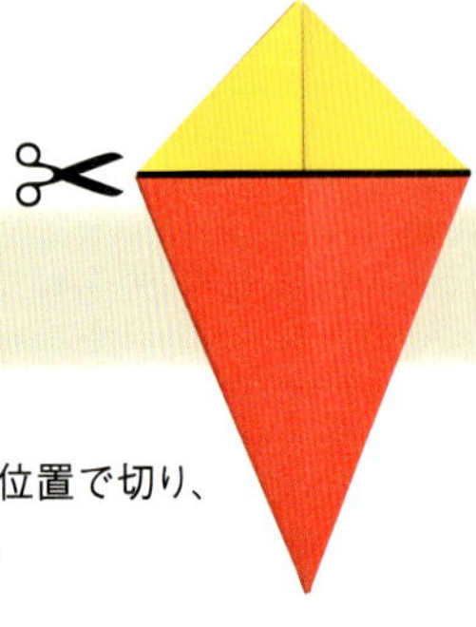

6 図の位置で切り、開く。

できあがり

16

Chapter 1
季節を彩る折り紙

美しい花々を中心に、四季折々のモチーフをご紹介します。
玄関先や部屋に飾って、季節の移ろいを楽しみましょう。

桜

桜は、春の訪れを告げる花として欠かせない存在です。
淡いピンク色の花を散りばめて、便りをしたためてみては。

原案　冨田登志江

桜

材料
花：（大）8.5 × 8.5cm　1枚
　：（小）6.5 × 6.5cm　1枚

> **アドバイス**
> 桜はたとう（→ p131）をアレンジした作品なので、中に小物を入れて使ってもいいでしょう。

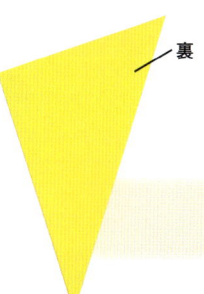

1 正五角形（→p14）の1～12と同様にする。

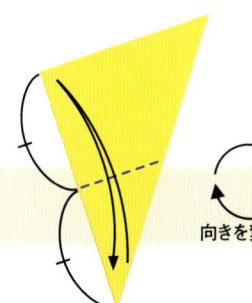

2 折り筋をつける。

向きを変える

3 折り筋をつけたところ。開く。

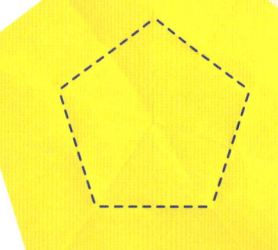

4 2でつけた折り筋をつけ直す。

折っているところ。

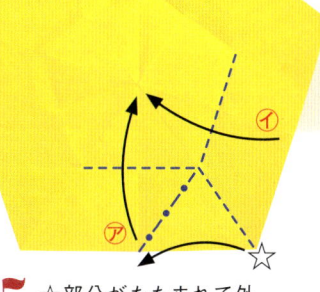

5 ☆部分がたたまれて外側に出るように㋐、㋑の順に折る。

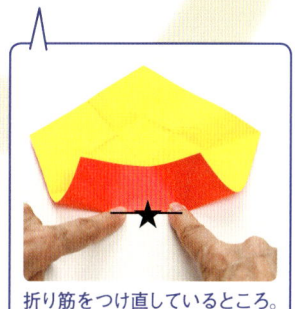

折り筋をつけ直しているところ。★の部分だけを折る。

6 残り2カ所も同様にする。最後は○部分を中心に折り込む。

折っているところ。

7 折りたたんだところ。5カ所を反時計回りに倒す。

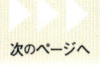

次のページへ

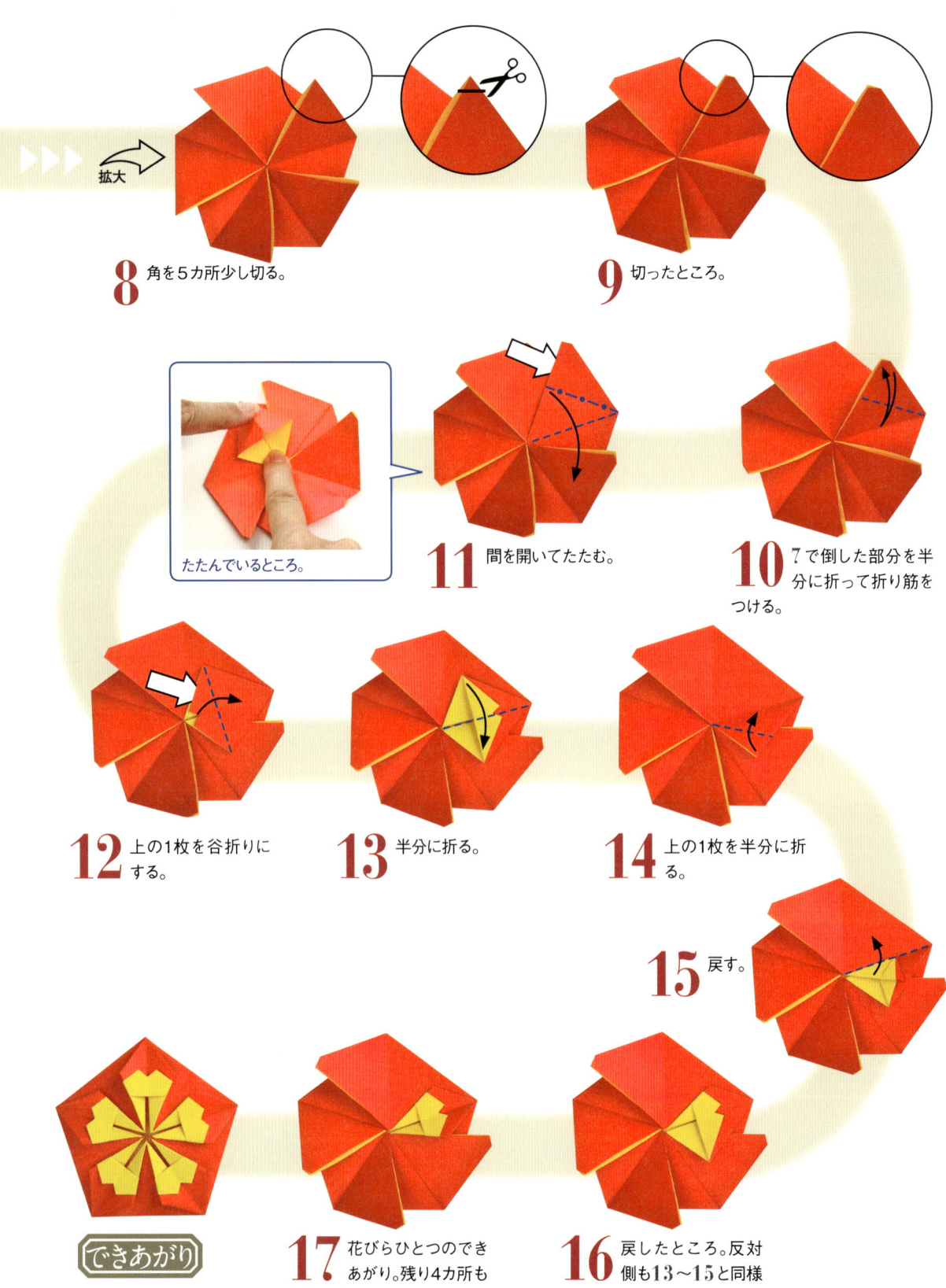

チューリップ

快活な雰囲気とともに、優雅さも感じる形のチューリップ。
花壇をイメージして、小さなブロックといっしょに飾って。

アレンジ　冨田登志江

チューリップ

材料
花：15 × 15cm　　1枚
葉：18 × 18cm　　1枚

> **アドバイス**
> プロセス1のあと、2〜4の沈めるようにたたむところを省き、5に進むと、花びらの上に三角が飛び出た形に仕上がります。このアレンジ版もかわいいです。

花

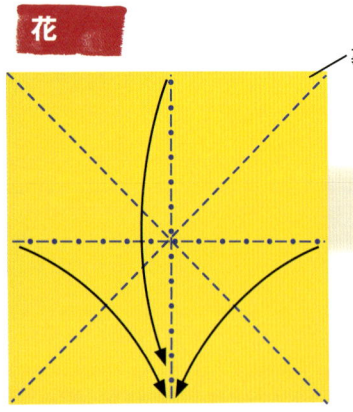

1 三角折り(→p11)にする。

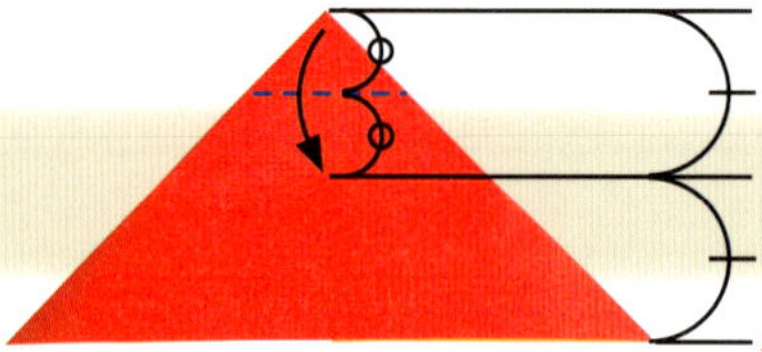

2 半分のところに印をつけてから(印のつけ方はp9の1参照)、さらに半分に折る。

3 折ったところ。開く。

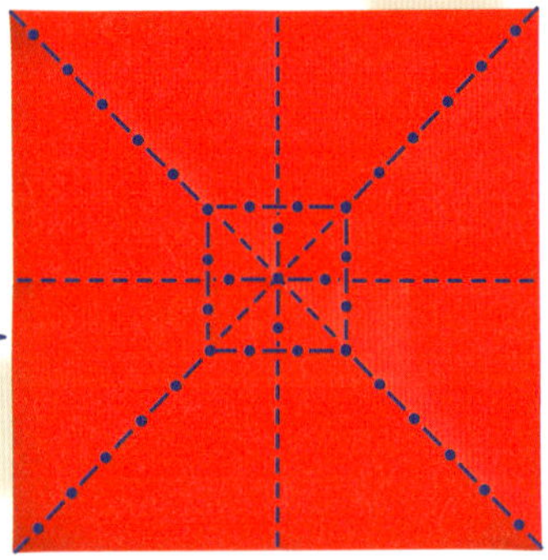

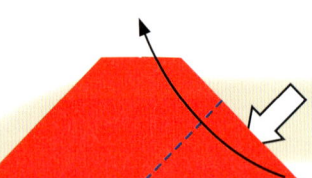

5 上の1枚を中央の折り線に合わせて三角に折る。

4 中央の四角い部分の折り線を図のように変え、沈めるようにたたむ。

沈めるようにたたんでいるところ。

6 折ったところ。残り3カ所も同様にする。

拡大

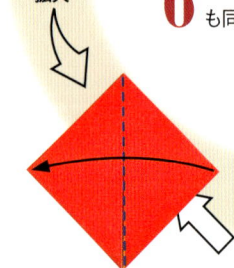

7 上の1枚を左に倒す。裏も同様にする。

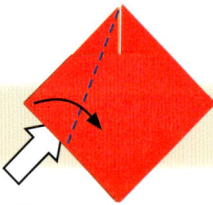

8 7で倒した部分を中央の折り線に合わせて折る。

9 折ったところ。残り3カ所も同様にする。

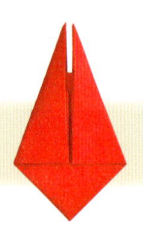

10 折ったところ。

次のページへ

11 8で折った三角の部分をめくるようにして曲げる（折り筋はつけない）。右側も同様にする。

12 ●を○に差し込む。

13 裏も同様にする。

できあがり

葉

1 折り筋をつける。

2 中央に合わせて折る。

3 三角に折る。

4 中央に合わせて両側を折る。

拡大

7 谷折りにする。

6 図の位置で谷折りにする。

5 さらに両側を折る。

組み合わせ方

8 上の1枚をめくる。

できあがり

1 花の下の穴に葉の先端を差し込み、のりづけする。

できあがり

ぼたん

薄い花びらが、優雅で上品な雰囲気をかもし出すぼたん。
薄い紙で作った大小の花を重ね、華やかさを表現しました。

アレンジ　湯浅信江

ぼたん

材料

花：（大）	21×21cm	1枚
：（小）	21×21cm	2枚
花芯：	27×21cm	1枚
葉：	10×10cm	1枚

アドバイス

花と花芯に使っている紙は「京花紙」という極薄の和紙です。向こうが透けるくらい薄く、とても繊細に仕上がります。

花（大）

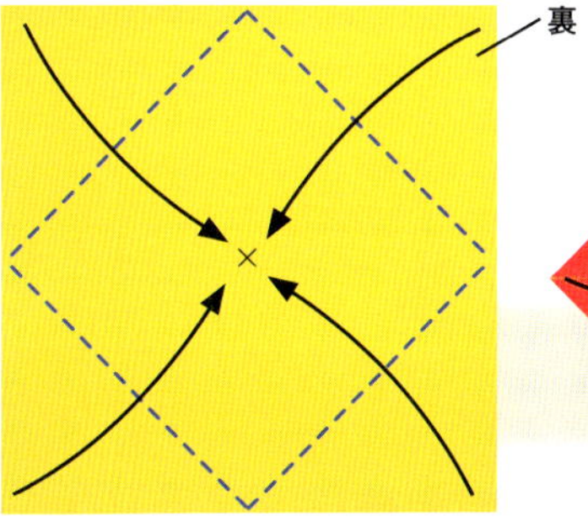

1. ざぶとん折り（→p9）にする。 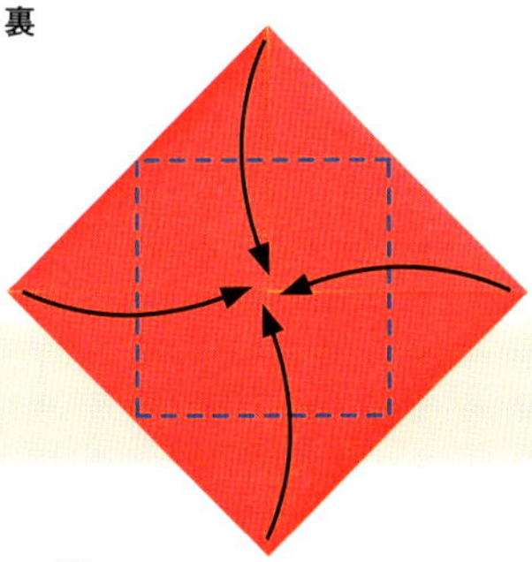
2. 角を中心に合わせて折る。 
3. 折ったところ。

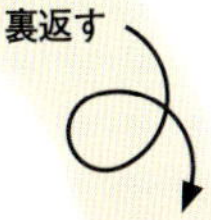

裏返す

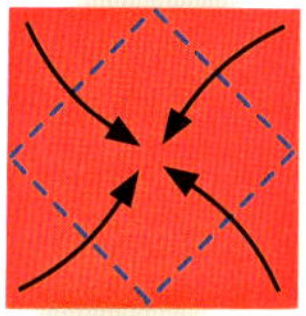

4. 角を中心に合わせて折る。

拡大

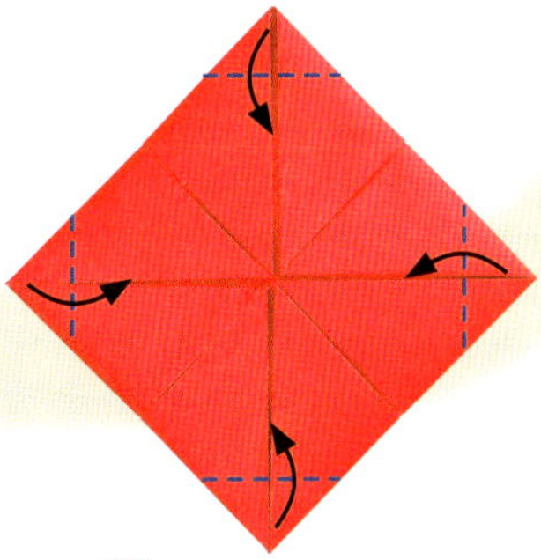

5. 角を少し折る。 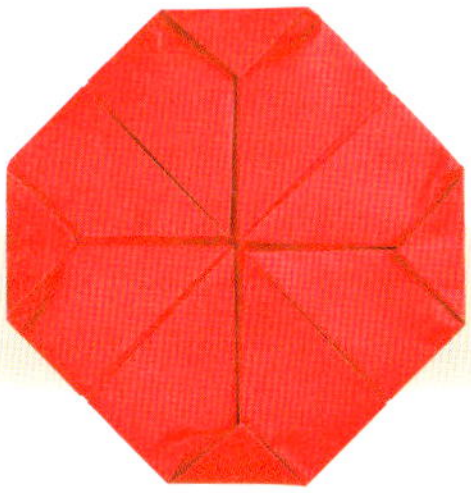
6. 折ったところ。

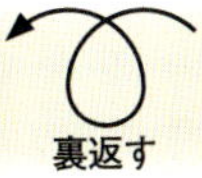

裏返す

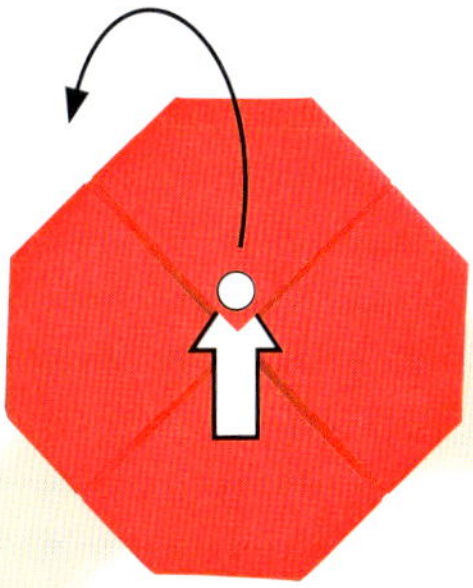

7. ○部分をめくって表側に引き出す。残り3カ所も同様にする。

表側から見たところ。○部分をめくって引き上げる。

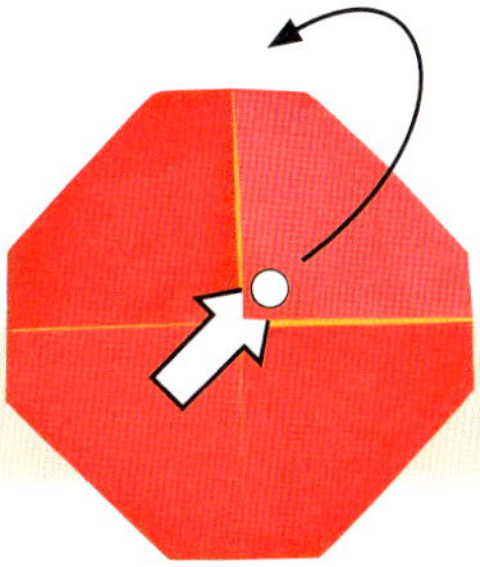

8. 7と同様にして4カ所めくる。

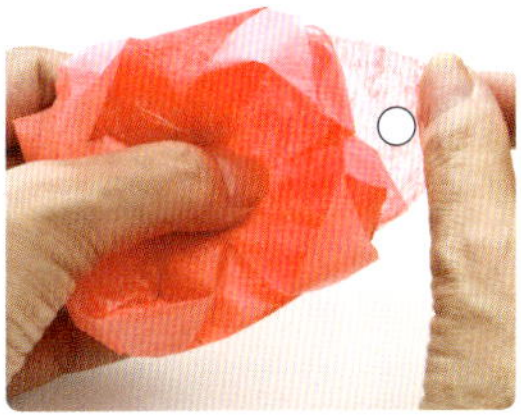

表側から見たところ。○部分を表側に引き出す。

※めくりやすいように、薄い紙を使っています。

次のページへ

9 赤が7でめくったところ。黄が8でめくったところ。

10 先端に綿棒をあてて外側に巻き、カールさせる。

できあがり

花（小）

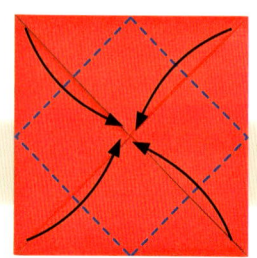

1 花（大）の1〜2と同様にする。

2 角を中心に合わせて折る。

3 折ったところ。

裏返す

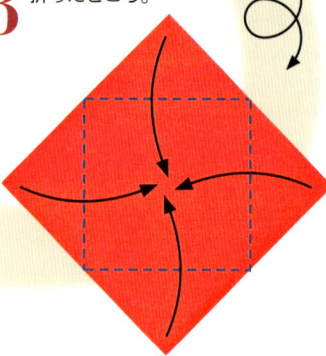

6 花（大）の7と同様にして、4カ所めくる。
※めくりやすいように、これ以降は薄い紙を使っています。

5 角を少し折る。

4 角を中心に合わせて折る。

7 同様にして2枚目を4カ所めくる。

8 3枚目を4カ所めくり、花（大）の10と同様にする。

できあがり

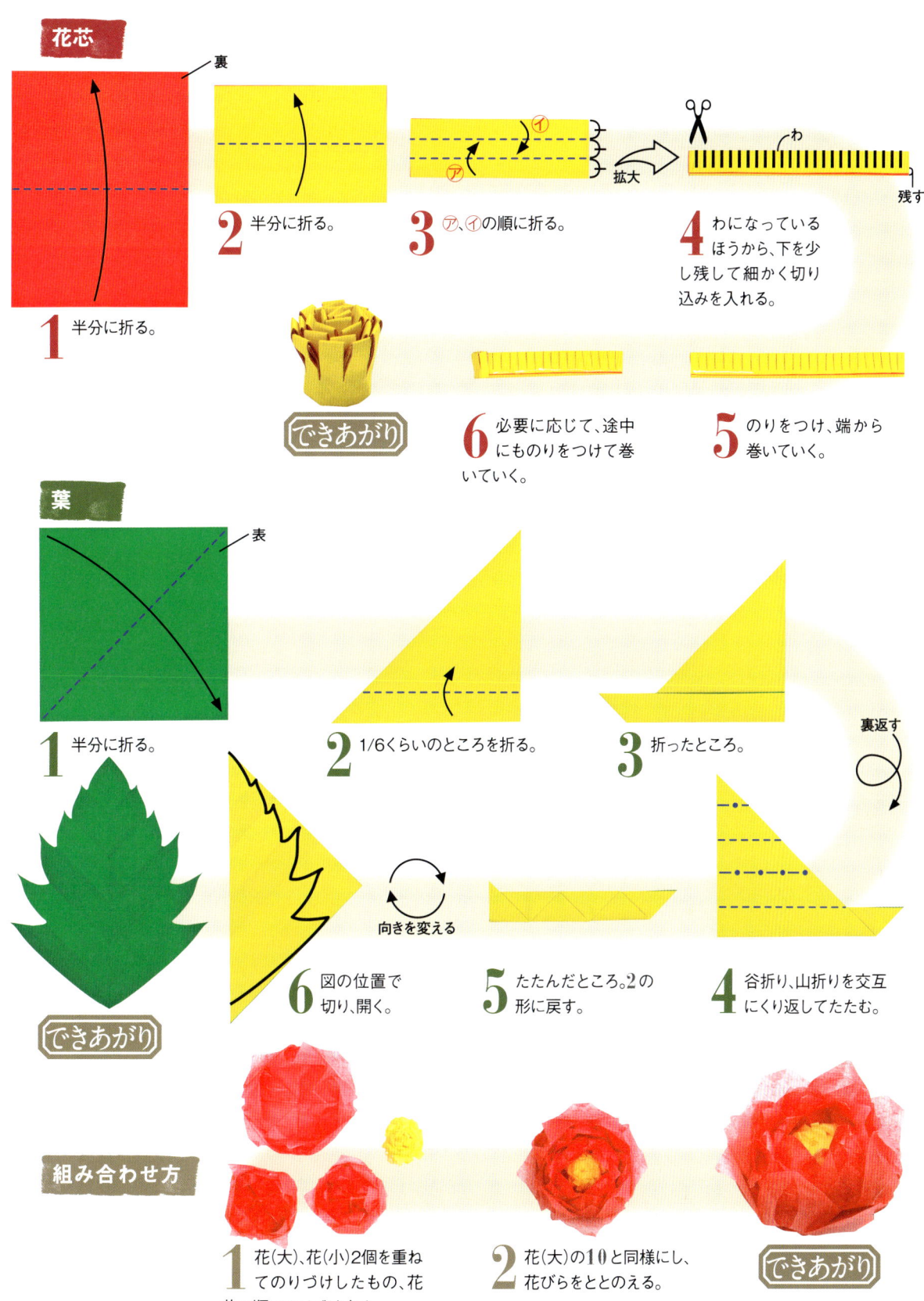

カーネーション

淡いピンク色とフリルの花びらが愛らしいカーネーション。
母の日に贈れば、長い間楽しめるプレゼントになります。

原案　渡部浩美

カーネーション

材料
花：3×18cm　　　1枚
葉：5×1cm　　　2枚
茎：15×1.5cm　　1枚

> **アドバイス**
> 紙を重ねながら折りたたんでいくので、薄い紙が向いています。中心がずれないようにきつめに折りたたむのがコツです。

花

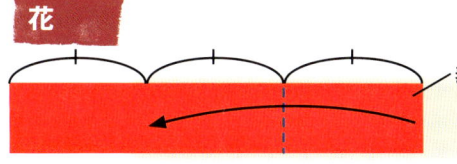

1 3等分のところで右側を折る。

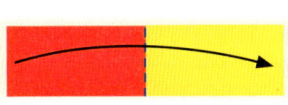

2 左側を折り重ねる。

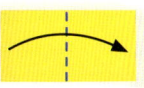

3 さらに半分に折る。

6 谷折り、山折りを交互にくり返し、折り筋をつけ直す。

5 折ったところ。開く。

4 1～2と同様にして3等分に折る。

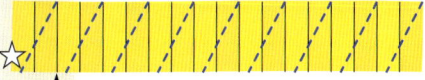

7 山折り線の下にある★が☆につくように、斜めに折り筋をつける。

8 折り線を使って★が☆につくように左からたたんでいく。

★が☆につくように折る。

ひとつたたみ終わったところ。

11 のりをつけた部分を貼り合わせる。

10 最後はのりをつける。

9 途中図。中心で表の色が見えるように折りたたんでいく。

次のページへ

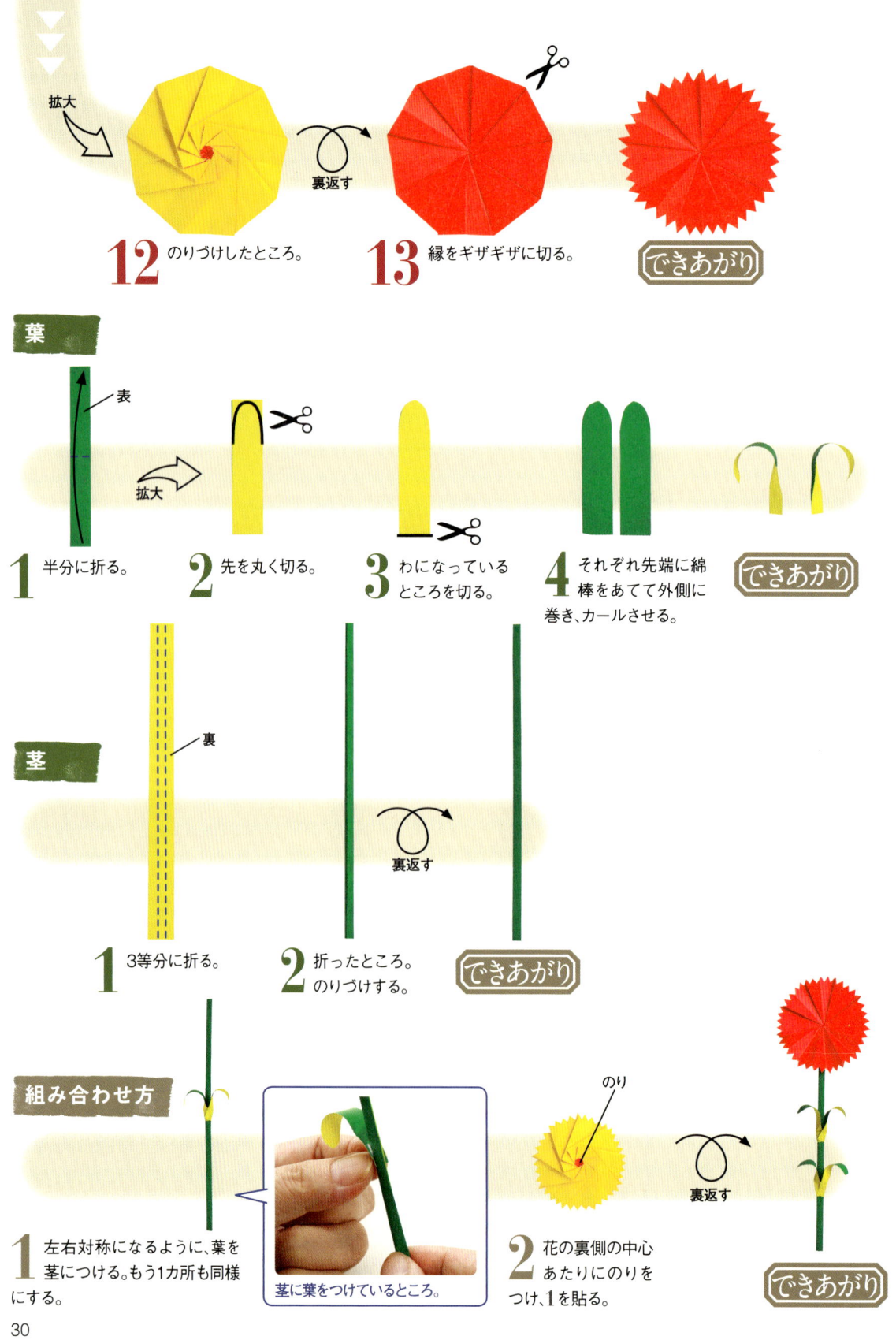

かえると傘

ぱっくりと口を開けたコミカルなかえると、本物の傘のように開閉する傘。これらがあれば、雨の季節も楽しく過ごせそう。

アレンジ（かえる）　湯浅信江

かえる

材料
15 × 15cm　　　1枚

> **アドバイス**
> かえるはふくらみをつけると愛らしくなります。切り込みを入れた口に指を入れて広げましょう。

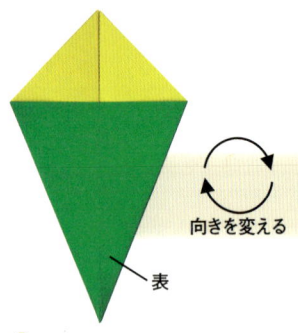
1 花の基本形（→p12）を折る。

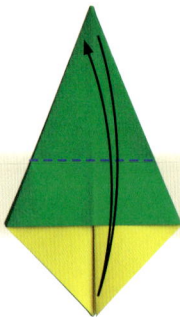
2 半分に折って、折り筋をつける。

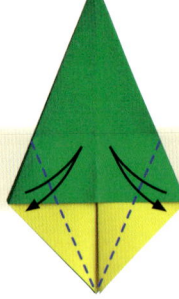
3 中央に合わせて折り筋をつける。

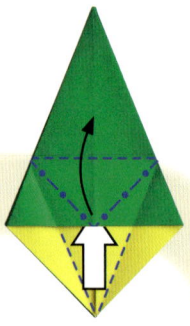
4 折り筋を使って、開いてたたむ。

中割り折りにしているところ。

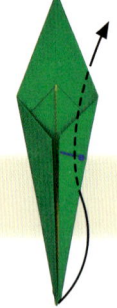
7 上の1枚を中割り折り（→p8）にする。左側も同様にする。

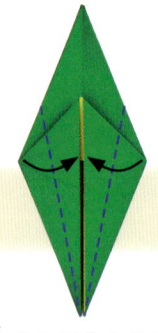
6 中央に合わせて折る。残り3カ所も同様にする。

5 たたんだところ。残り3カ所も同様にする。

 拡大

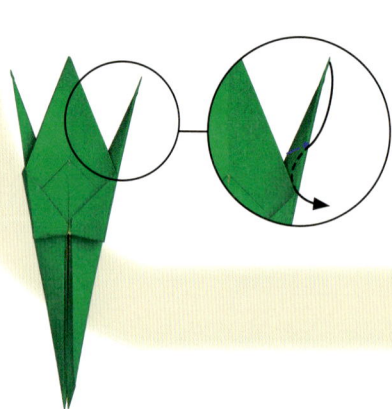
8 中割り折りにする。

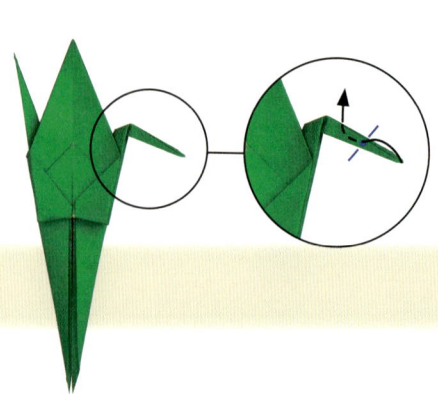
9 先端を少し中割り折りにする。

▶▶▶ 次のページへ

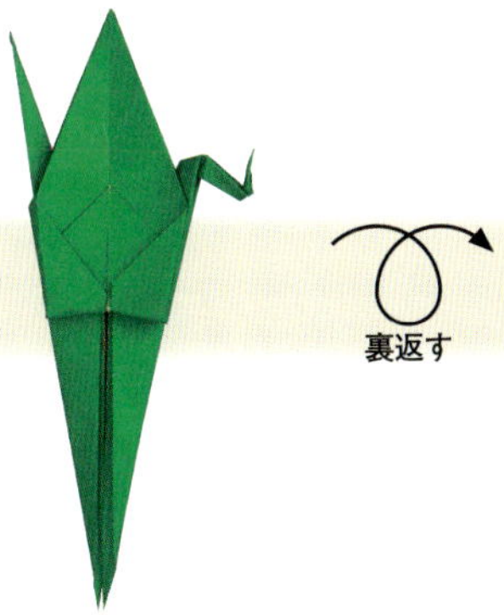

10 中割り折りにしたところ。左側も8〜9と同様にする。

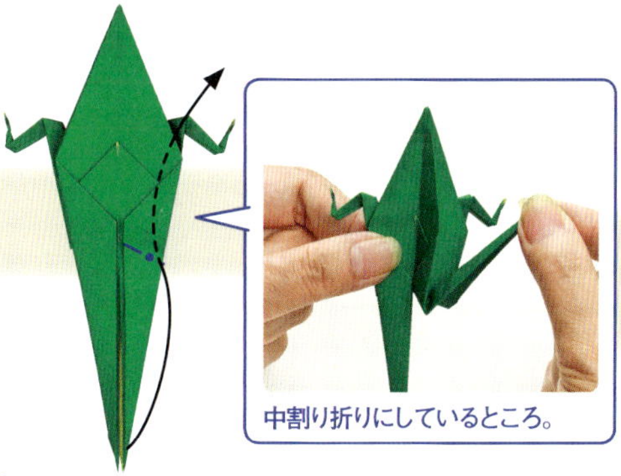

11 中割り折りにする。左側も同様にする。

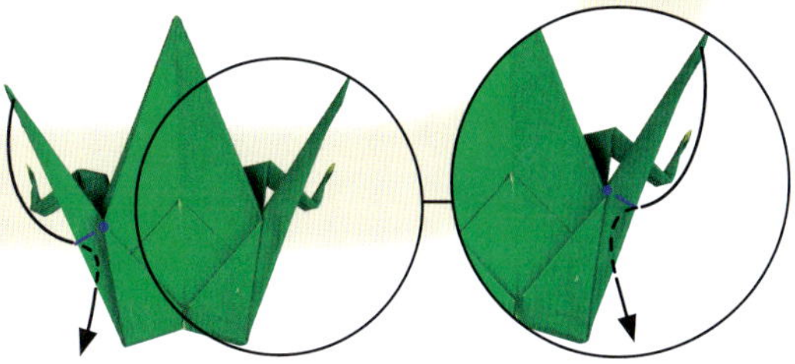

中割り折りにしているところ。

拡大

裏返す

13 先端を少し中割り折りにする。

12 中割り折りにする。

14 折ったところ。

15 向こう側から3番目に、赤線通りの切り込みを入れる。

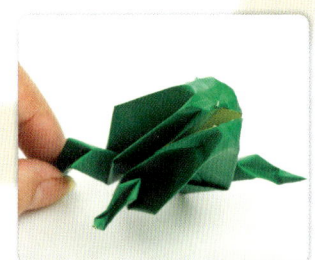

16 切っているところ。

できあがり

18 口の中に指を入れて開き、形をととのえる。下あごは折り筋通りにたたむ。

17 切ったところ。

傘

材料

外側：15 × 15cm	1枚
内側：15 × 15cm	1枚
柄：15 × 0.5cm	2枚
傘の頭：2.5 × 2.5cm	1枚
骨の根元：1.5 × 6cm	1枚
竹串	1本
糸	適量

アドバイス

外側と内側の紙は、質（厚みや硬さなど）が同じようなものを使うと、作りやすいです。

外側を作る

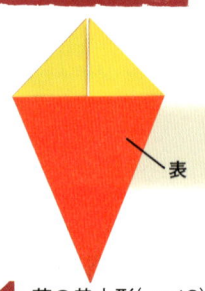

1 花の基本形(→p12)を折る。

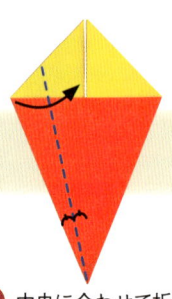

2 中央に合わせて折る。

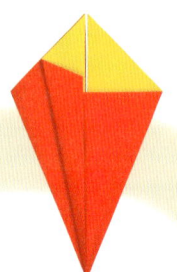

3 折ったところ。戻す。

6 中央に合わせて折り筋をつける。

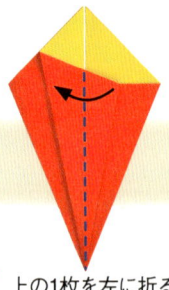

5 上の1枚を左に折る。

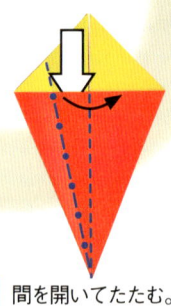

4 間を開いてたたむ。

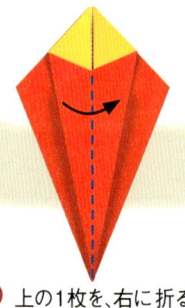

7 間を開いてたたむ。

8 上の1枚を、右に折る。

9 残り3カ所も2〜8と同様にする。

10 図の位置で切る。

次のページへ

11 切ったところ。開く。

12 谷折り、山折りを交互にくり返して折り筋をつけ直す。

裏から見たところ

表から見たところ

内側を作る

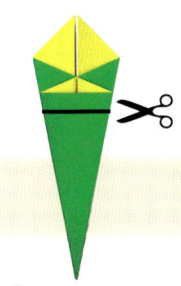

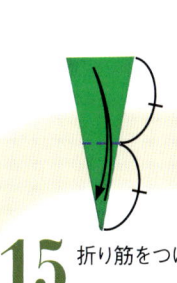

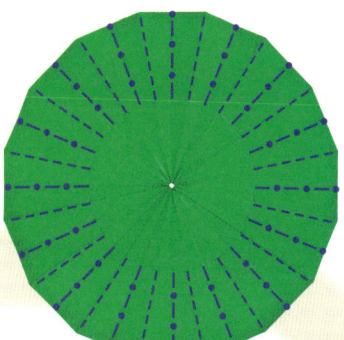

15 折り筋をつける。

14 図の位置で切る（**10**よりも少し短めに）。

13 1〜9と同様にする。

表

16 折り筋のところに切り込みを入れ、先端を少し切る。

17 切ったところ。開く。

18 切り込みより外側部分は、谷折りを山折りに、山折りを谷折りに、折り筋をつけ直す。

組み合わせる

20 外側と内側を重ねる。

19 切り込みより外側部分を立ち上げるように折る。表から見たときに、切り込みより内側が凸、外側が凹になるようにする。

表から見たところ

裏から見たところ

次のページへ

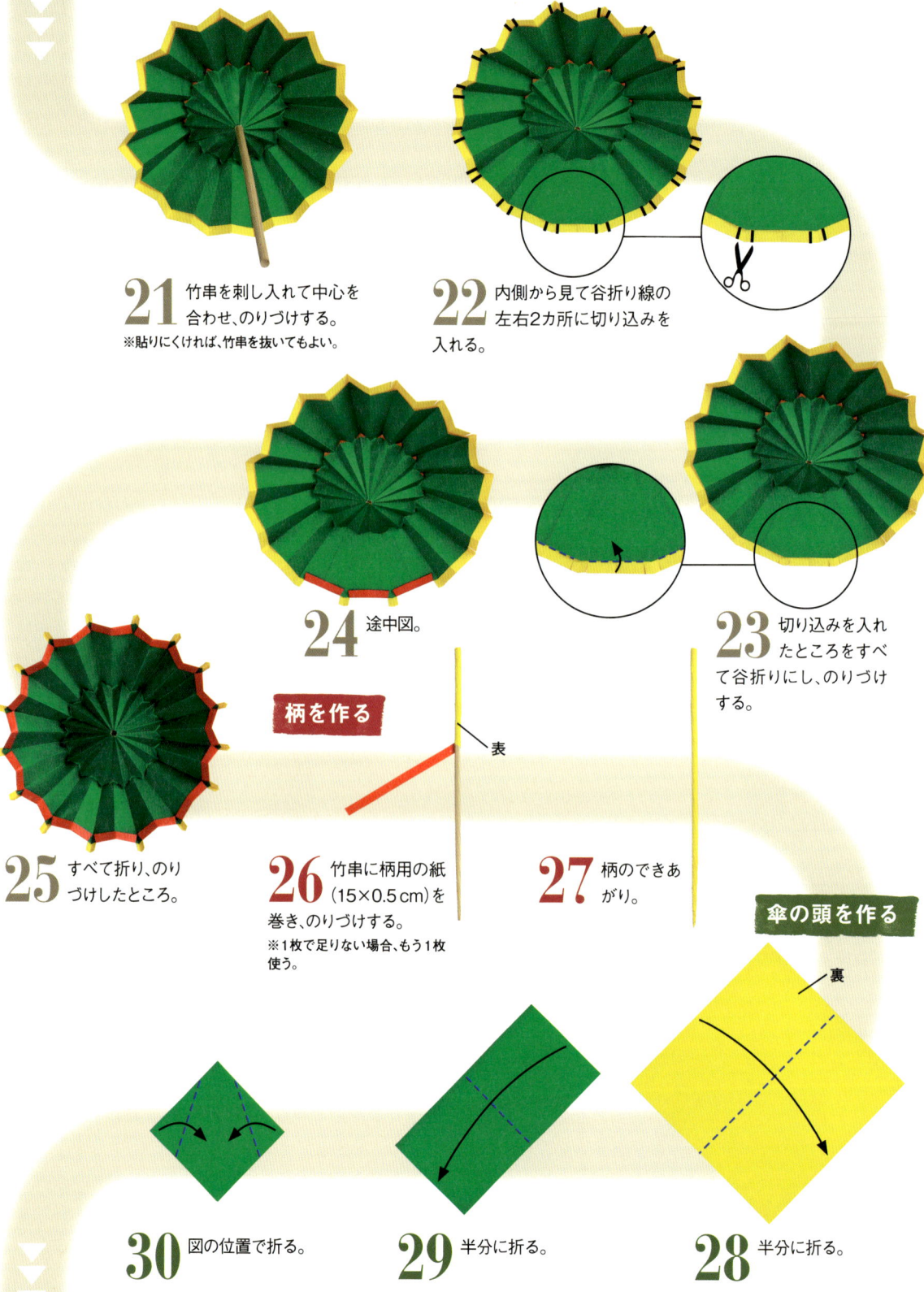

21 竹串を刺し入れて中心を合わせ、のりづけする。
※貼りにくければ、竹串を抜いてもよい。

22 内側から見て谷折り線の左右2カ所に切り込みを入れる。

23 切り込みを入れたところをすべて谷折りにし、のりづけする。

24 途中図。

25 すべて折り、のりづけしたところ。

柄を作る

26 竹串に柄用の紙（15×0.5cm）を巻き、のりづけする。
※1枚で足りない場合、もう1枚使う。

27 柄のできあがり。

傘の頭を作る

28 半分に折る。

29 半分に折る。

30 図の位置で折る。

次のページへ

31 折ったところ。開く。

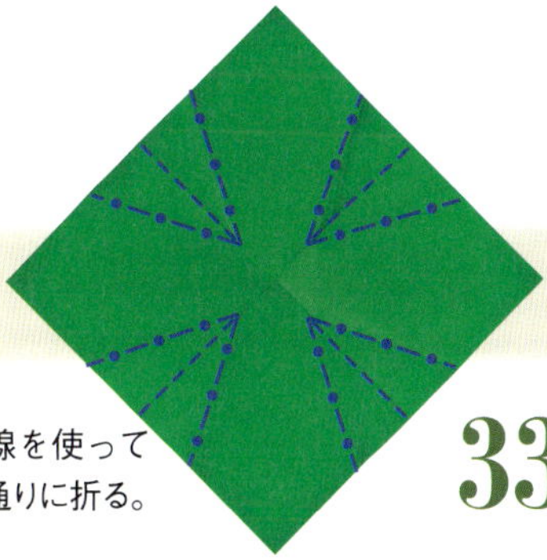

32 折り線を使って図の通りに折る。

33 傘の頭のできあがり。

組み立てる

34 25の傘に27の柄を刺し入れ、先が少し出るようにしてのりで固定する。

35 骨の根元用の紙（1.5×6cm）の斜線部分にのりをつける。

巻き終わり

36 のりがついているところが傘の内側部分にだけつくようにして巻く。
※柄にのりがつくと開閉できなくなるので注意。

37 巻きとめる。

38 のりづけしたところ。

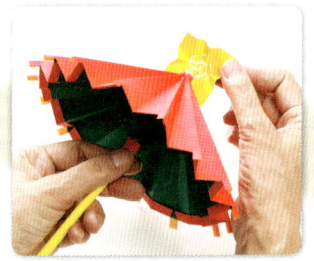

39 33の傘の頭にのりをつけ、先端に貼る。

閉じたり、開いたりできる！

できあがり

40 糸を巻きつけて結ぶ。

37

花菖蒲

花菖蒲のすっと伸びる姿をいかして、しおりにしたり短冊形の色紙に貼ったりして楽しみましょう。

花菖蒲

材料
花：4×4cm	1枚
葉：9×1cm	2枚
12×1cm	2枚

アドバイス
プロセス5の裏返した状態のとき、表と裏の紙の折り筋がそろっているときれいに仕上がります。

花

1 半分に折る。

2 ★が☆に合うように折る。

拡大

3 折り筋をつけ、間を開いてたたむ。

たたんでいるところ。

5 上の1枚を図の位置で折る。

裏返す

4 たたんだところ。

6 折り筋のついているところに合わせて折り下げる。

7 図の位置で折る。

8 切り込みを入れ、右の1枚を下げる。

9 斜め上に折る。左側も同様にする。

できあがり

裏返す

10 折ったところ。

葉

1 半分に折る。

2 図の位置で切る。

できあがり

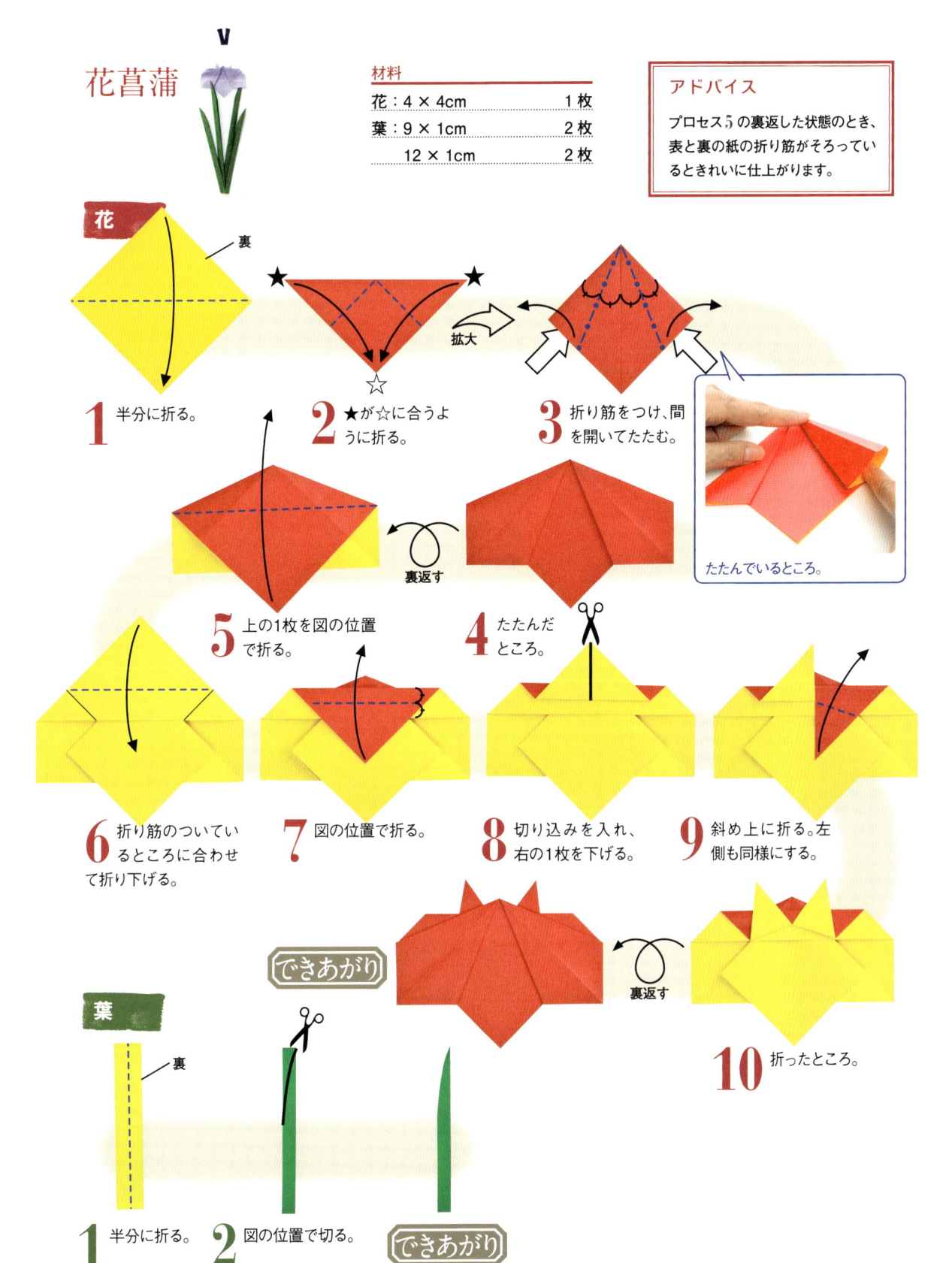

ゆり

豪華な花を咲かせるゆりをナプキンリングに仕立てました。
しゃれた演出で、食卓がぱっと華やぎます。

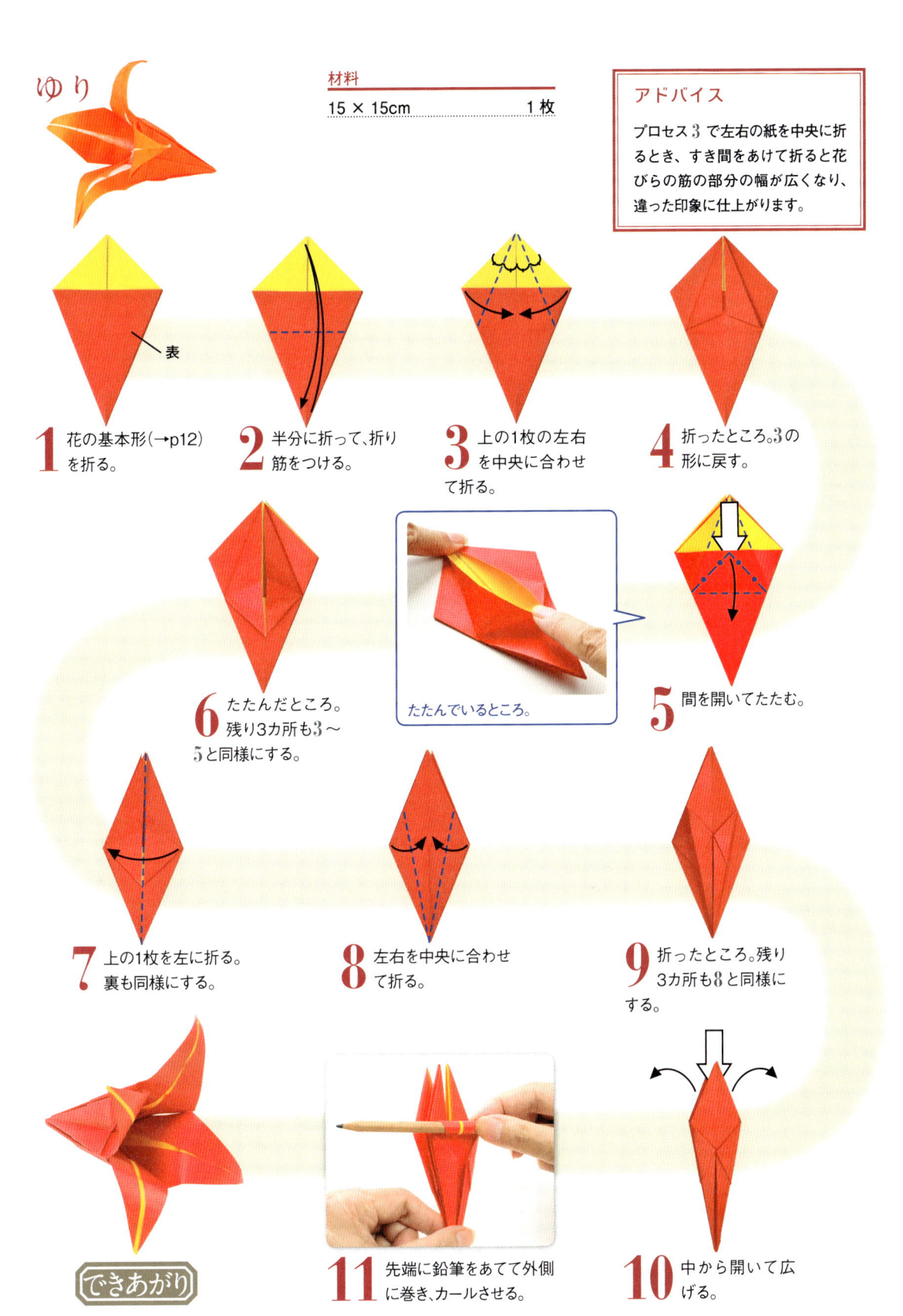

ゆり

材料
15×15cm　　　1枚

アドバイス
プロセス3で左右の紙を中央に折るとき、すき間をあけて折ると花びらの筋の部分の幅が広くなり、違った印象に仕上がります。

1 花の基本形(→p12)を折る。

2 半分に折って、折り筋をつける。

3 上の1枚の左右を中央に合わせて折る。

4 折ったところ。3の形に戻す。

5 間を開いてたたむ。

たたんでいるところ。

6 たたんだところ。残り3カ所も3〜5と同様にする。

7 上の1枚を左に折る。裏も同様にする。

8 左右を中央に合わせて折る。

9 折ったところ。残り3カ所も8と同様にする。

10 中から開いて広げる。

11 先端に鉛筆をあてて外側に巻き、カールさせる。

できあがり

あじさいとかたつむり

淡い色がやさしい雰囲気のあじさいです。
愛嬌のあるかたつむりをいっしょに飾り、遊び心を加えて。

あじさい

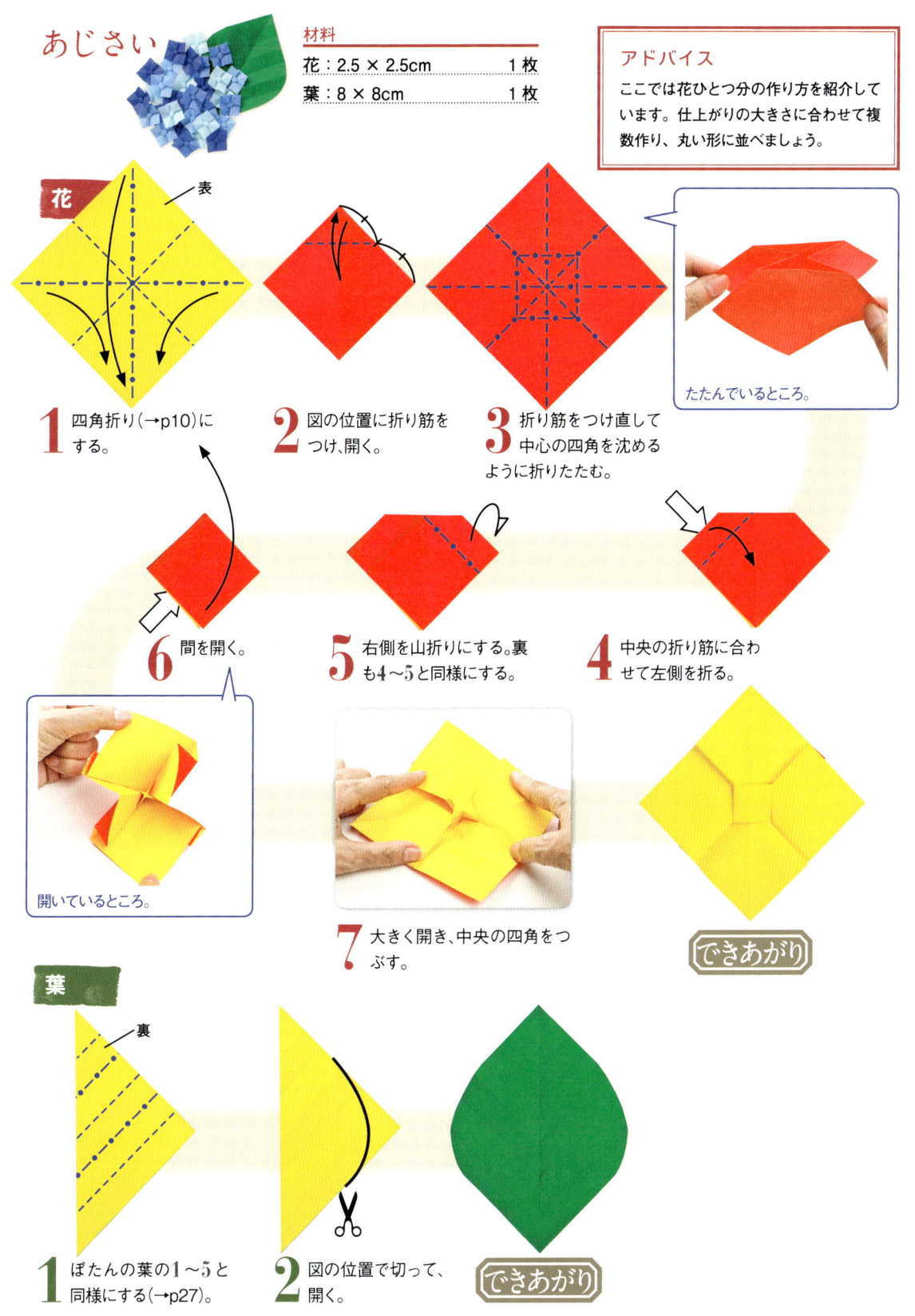

材料
花：2.5 × 2.5cm　1枚
葉：8 × 8cm　1枚

アドバイス
ここでは花ひとつ分の作り方を紹介しています。仕上がりの大きさに合わせて複数作り、丸い形に並べましょう。

花

1 四角折り（→p10）にする。

表

2 図の位置に折り筋をつけ、開く。

3 折り筋をつけ直して中心の四角を沈めるように折りたたむ。

たたんでいるところ。

4 中央の折り筋に合わせて左側を折る。

5 右側を山折りにする。裏も4～5と同様にする。

6 間を開く。

開いているところ。

7 大きく開き、中央の四角をつぶす。

できあがり

葉

裏

1 ぼたんの葉の1～5と同様にする（→p27）。

2 図の位置で切って、開く。

できあがり

かたつむり

材料
15 × 15cm　　　　1枚

アドバイス
プロセス14のあと、指にのりを少しつけてかたつむりのツノをねじるようにしてひねると、より立体的になります。

1 花の基本形(→p12)を折る。

2 3等分に巻き折り(→p8)にする。

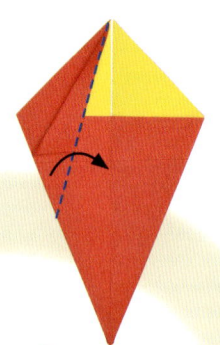

3 途中図。

4 折ったところ。残り7カ所も2～4と同様にする。

5 上の1枚を左に折る。裏も同様にする。

6 折ったところ。

7 上の1枚をめくり、半分くらいのところに折り筋をつける。

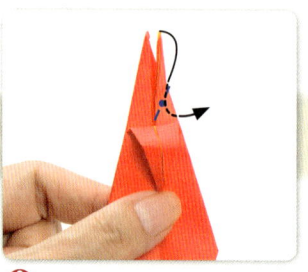

折り筋をつける

8 中割り折り(→p8)にする。

9 中割り折りにしたところ。左側も7～8と同様にする。

次のページへ

10 先端にのりをつけて手前に折る。

11 折ったところ。めくっていた上の1枚を元に戻す。

裏返す

12 裏返したところ。

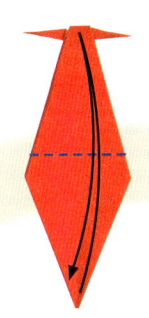

15 図の位置に折り筋をつける。

裏返す

14 折ったところ。

13 先端にのりをつけて手前に折る。

16 図の位置にのりをつけて折り線通りに折る。

17 左奥と右手前の1枚を持って引っ張り、背中をふくらませていく。

できあがり

18 持つ場所を変えながら、少しずつ広げていく。

45

睡蓮

水面の上で優雅に咲く睡蓮をイメージして飾りましょう。
ただそこに置くだけで、涼やかな雰囲気が漂います。

原案　おりがみ会館

睡蓮

材料

花：8×8cm	2枚
6.5×6.5cm	2枚
花芯：2×10cm	1枚
つぼみ：8×8cm	1枚
がく：5×5cm	1枚
葉：9×9cm～11×11cm	1枚

※葉のサイズは、花やつぼみとのバランスを見て決めましょう。

アドバイス

紙が厚いと作りにくいので、やや薄めの紙を選びましょう。葉はカールさせたところが表に出るので、裏にも色がついている紙で作るときれいです。

花

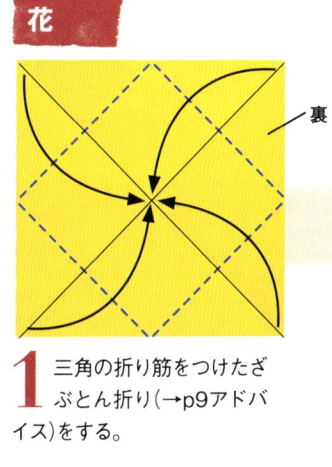

1 三角の折り筋をつけたざぶとん折り（→p9アドバイス）をする。

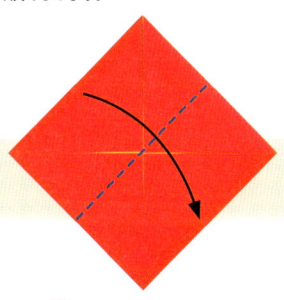

2 半分に折る。

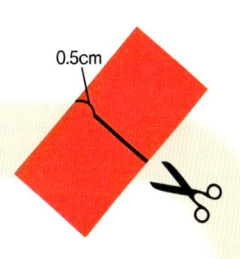

3 中心から0.5cmくらい残して切り込みを入れる。

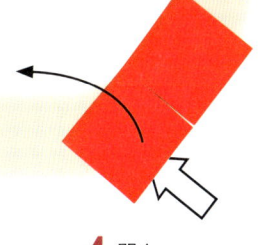

4 開く。

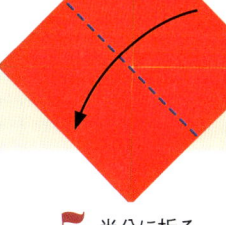

5 半分に折る。

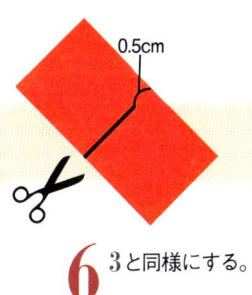

6 3と同様にする。

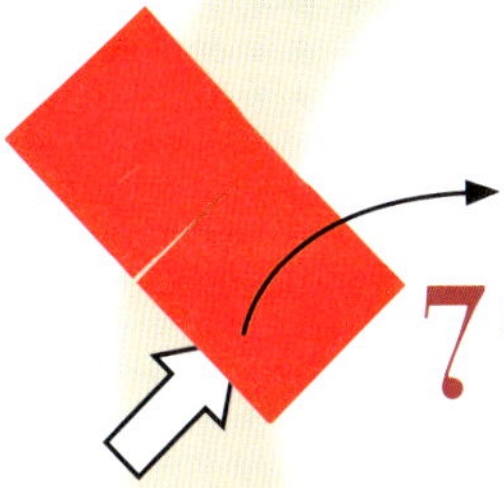

7 開く。

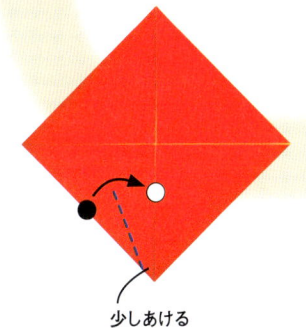

8 ●と○が合うように折る。

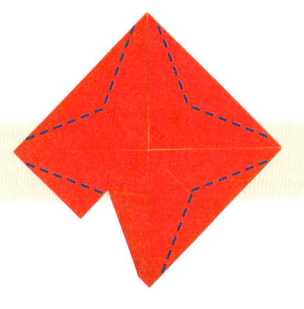

9 折ったところ。残り7カ所も同様にする。

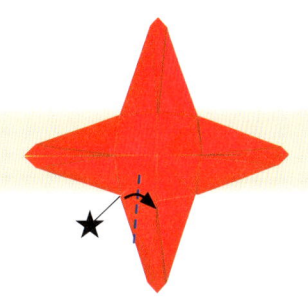

10 ★が中央に合うように折る。

次のページへ

47

11 折ったところ。残り7カ所も同様にする。

12 折ったところ。

裏返す

13 花びらのできあがり。大、小各2枚作る。

向きを変える

できあがり

16 同様にして、花びら（小）を貼る。

15 中心にのりをつけ、花びら（小）をずらして貼る。

14 花びら（大）の中心にのりをつけ、もう1枚をずらして貼る。

花芯

1 半分に折る。

拡大

2 さらに半分に折る。

3 もう一度半分に折る。

わ　残す

できあがり

6 のりをつけ、端から巻いていく。

5 開いたところ。

4 わになっているほうから、下を少し残して細かく切り込みを入れ、開く。

組み合わせ方

1 花の中心にのりをつけ、花芯を貼る。

できあがり

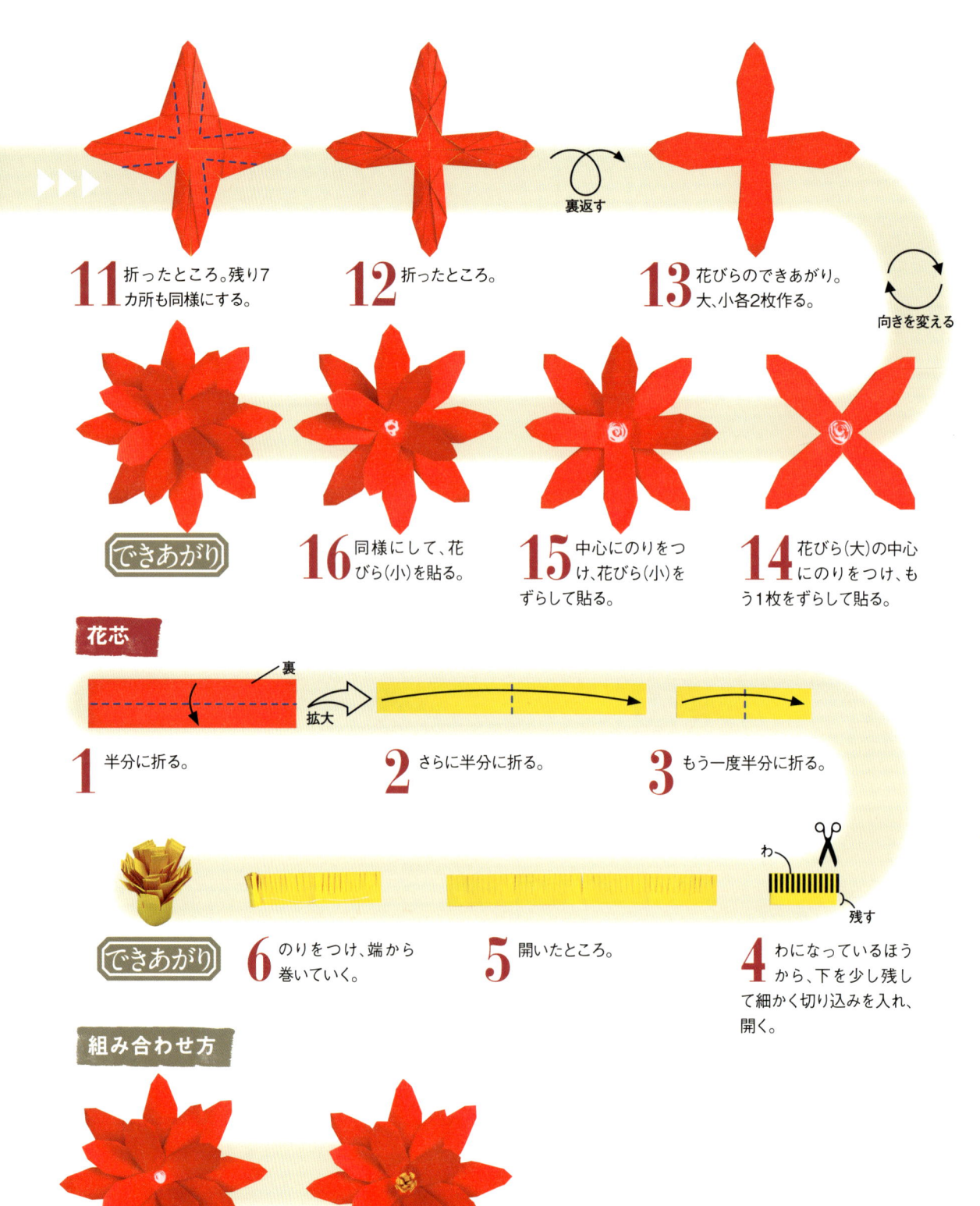

つぼみ

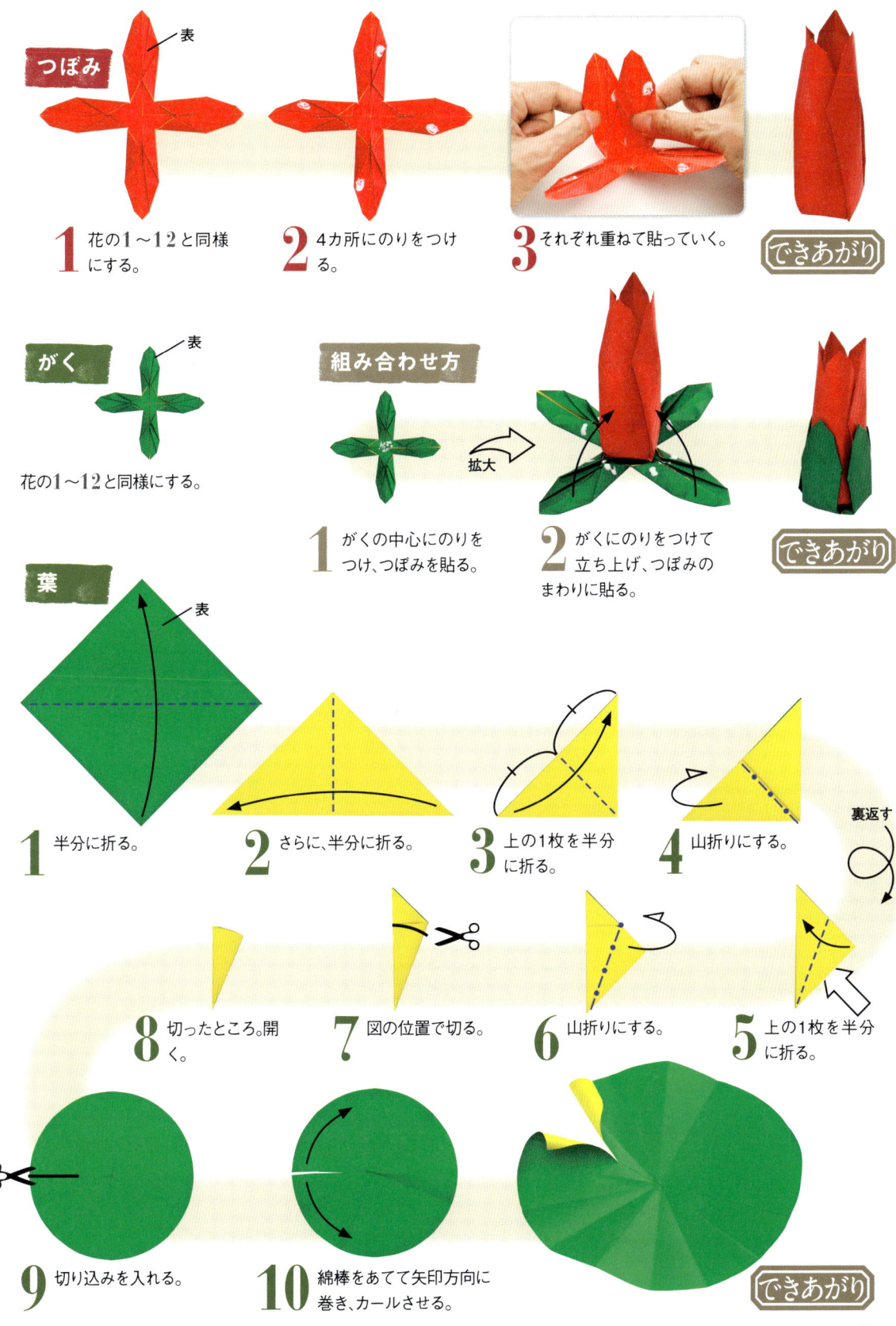

1 花の1〜12と同様にする。

2 4カ所にのりをつける。

3 それぞれ重ねて貼っていく。

できあがり

がく

花の1〜12と同様にする。

組み合わせ方

1 がくの中心にのりをつけ、つぼみを貼る。

2 がくにのりをつけて立ち上げ、つぼみのまわりに貼る。

できあがり

葉

1 半分に折る。

2 さらに、半分に折る。

3 上の1枚を半分に折る。

4 山折りにする。

裏返す

5 上の1枚を半分に折る。

6 山折りにする。

7 図の位置で切る。

8 切ったところ。開く。

9 切り込みを入れる。

10 綿棒をあてて矢印方向に巻き、カールさせる。

できあがり

49

出目金

ぽこっと飛び出た目が愛らしい出目金。
玄関先などに飾れば、暑い季節に涼をもたらしてくれます。

出目金

材料 10 × 10cm 1枚

アドバイス
光沢と透明感のある紙で作るのがおすすめです。金魚らしく仕上がるとともに、涼しげな印象になります。

1 折り筋をつける。

2 中心に合わせて3カ所折る。

3 折ったところ。

4 角を中央に合わせて折る。

5 折ったところ。

6 半分に折る。

7 折り筋をつける。

8 7の折り筋の半分まで切り込みを入れる。

9 開く。

10 3カ所折り、⑦と④の部分を開く。

11 半分に折る。

12 ★と☆が合うように折る。

13 さらに、★と☆が合うように折る。

14 15の図のように開く。

次のページへ

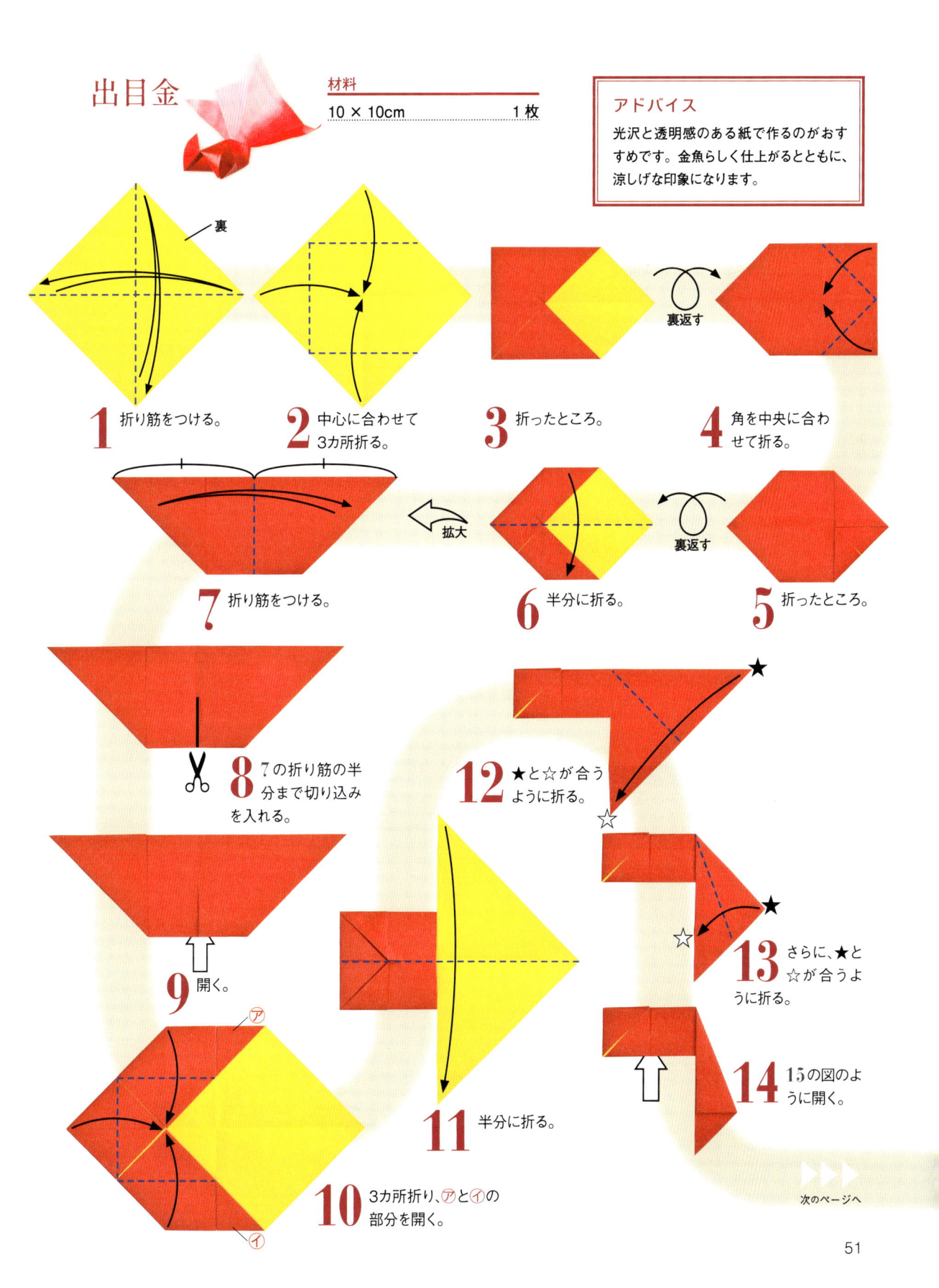

15 谷折り、山折りを交互にくり返して、折り筋をつけ直す。

16 上下に切り込みを入れる。

17 折り筋をつける。

裏返す

三角に折ったところを内側に入れ込んで折りたたむ。

18 内側に入れるように折る。

19 折ったところ。残り1カ所も同様にする。

20 差し込んで立体にする。

21 差し込んだところ。

裏返す

しっぽを立たせながら折る。

22 しっぽのつけ根を折る。

23 目を開く。残り1カ所も同様にする。

開いているところ。

できあがり

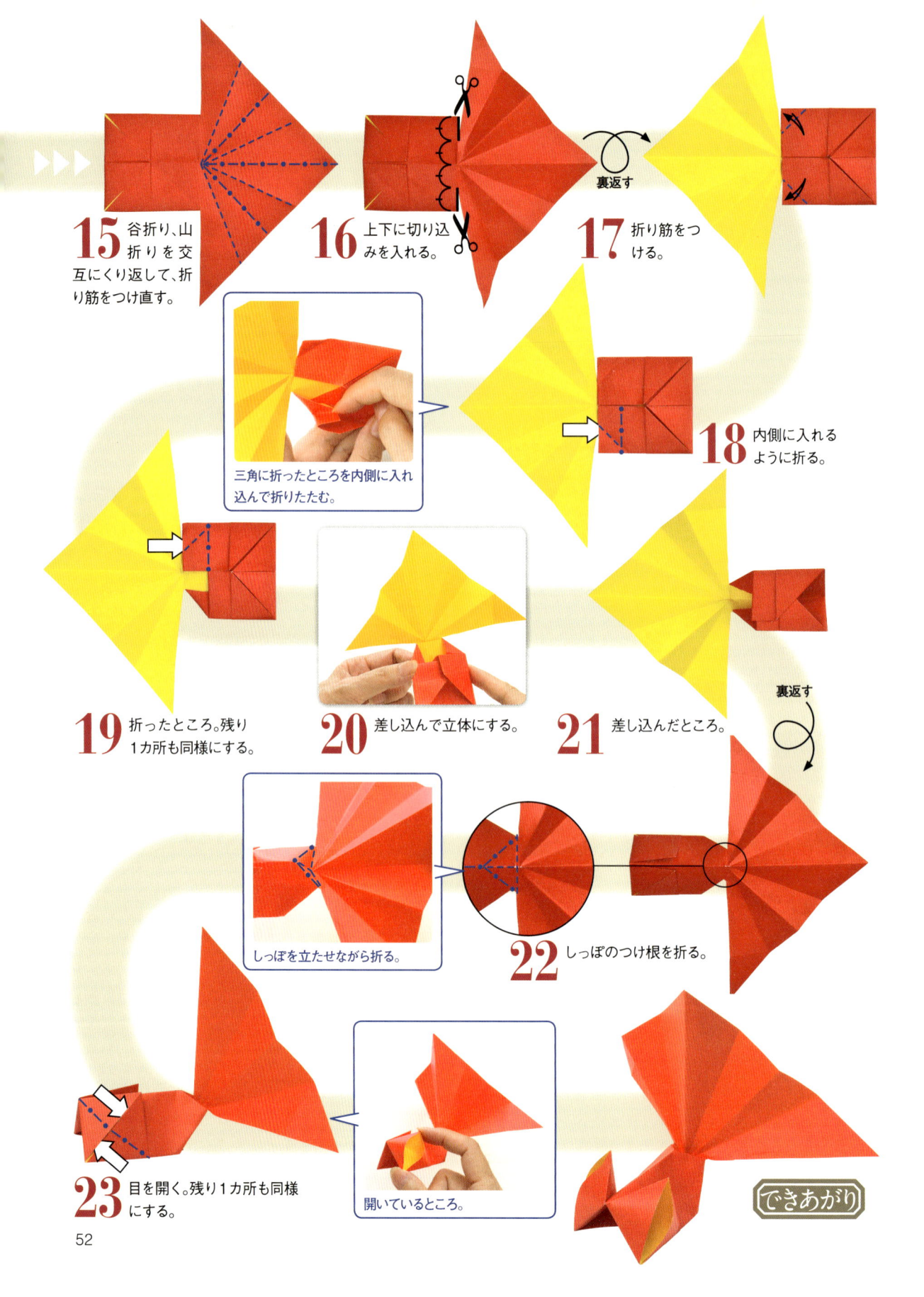

ほおずき

だいだい色をしたがくの中には、本物のほおずき同様、
丸い実が隠れています。ざるに飾りつけて風流に。

原案　おりがみ会館

ほおずき

材料
- がく：15 × 15cm　　1枚
- 実：7.5 × 7.5cm　　1枚
- 茎：15 × 0.5cm　　1cm
- ワイヤー（#20）　　8cm

アドバイス
外側のがくに使う紙は、しわがよった和紙を選ぶと本物らしく仕上がります。

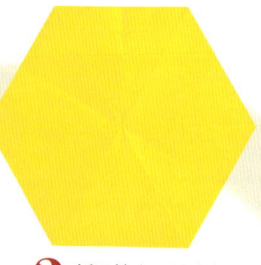

がく

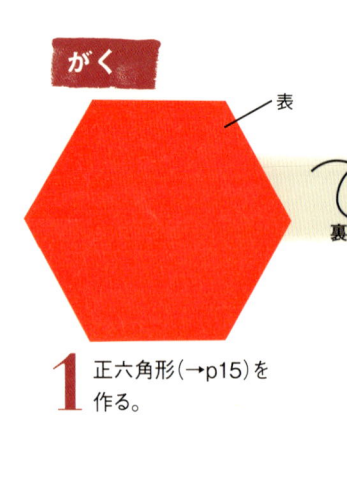

1 正六角形（→p15）を作る。

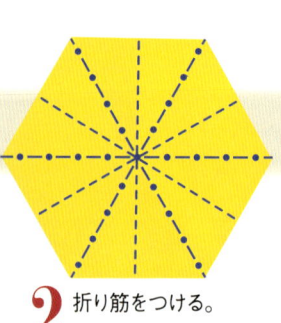

2 折り筋をつける。

3 折り筋をつけたところ。

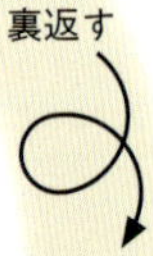

裏返す

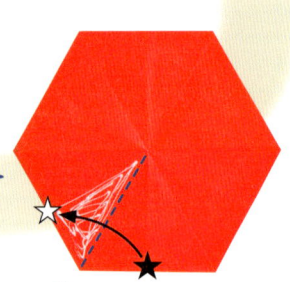

4 中心が山になるように、★が☆につくように折ってのりづけする。

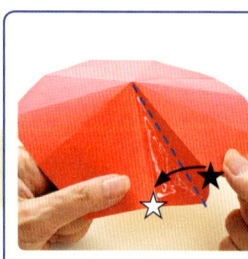

のりづけしているところ。

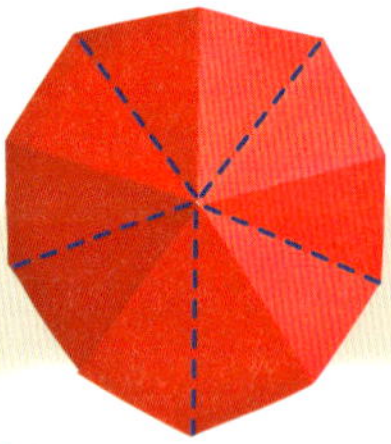

5 2でつけた折り線を使って、たたむ。

拡大

6 上の1枚に折り筋をつける。

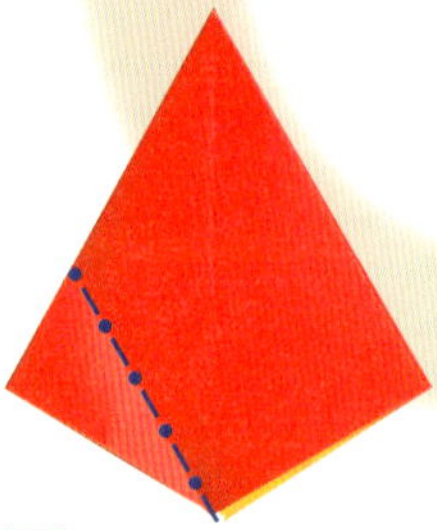

7 中割り折り（→p8）にする。

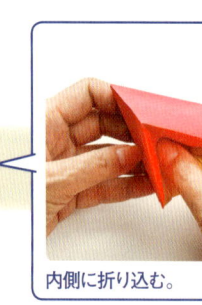

内側に折り込む。

8 中割り折りにしたところ。残り4カ所も6〜7と同様にする。

9 折ったところ。図のところを少し開く。

次のページへ

54

10 7で内側に折り込んだ部分を4カ所貼り合わせる。1カ所は貼らずに残しておく。

11 中に指を入れ、ふくらます。

できあがり

※☆部分は貼り合わせないように注意。

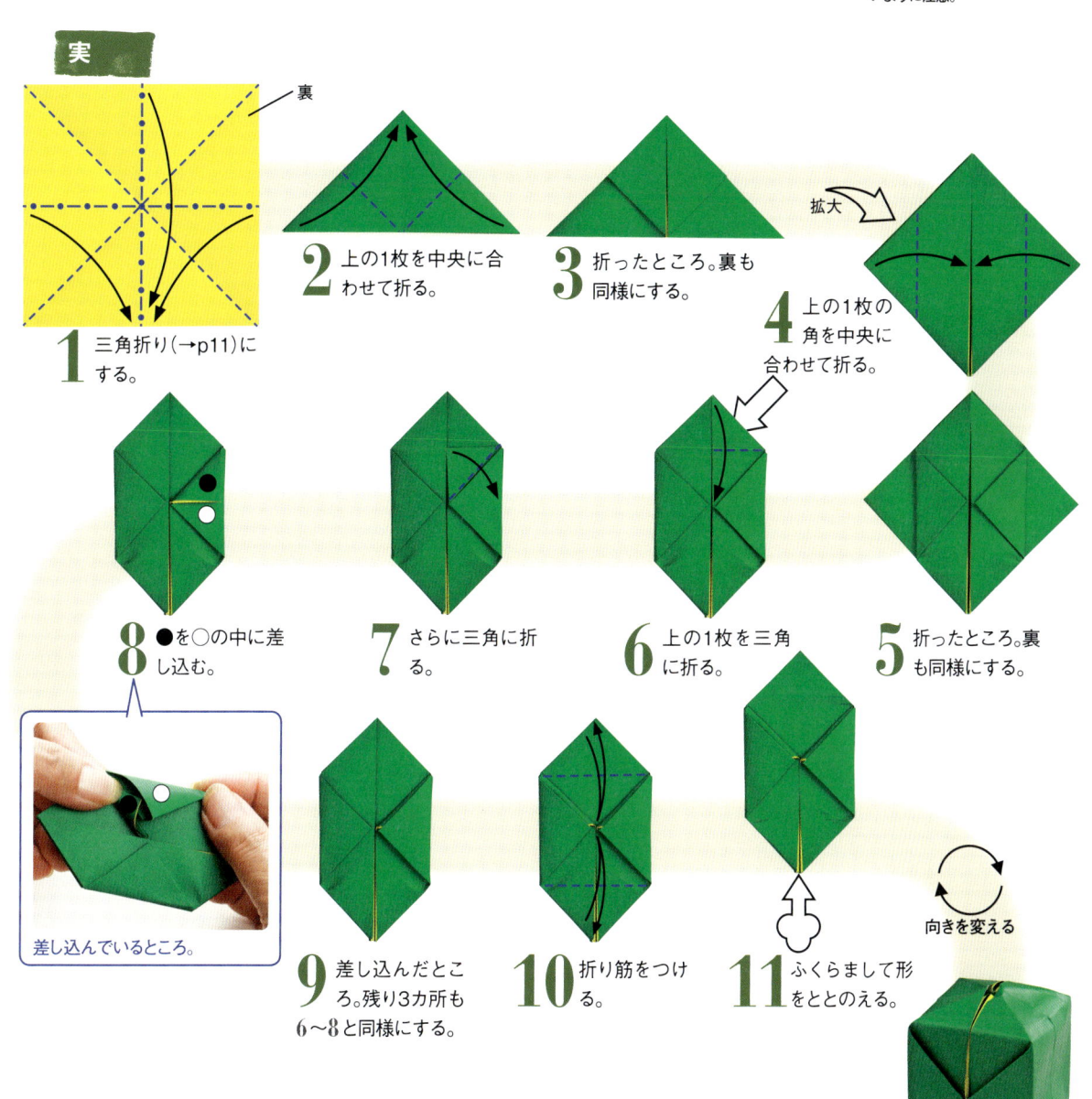

実

1 三角折り(→p11)にする。

2 上の1枚を中央に合わせて折る。

3 折ったところ。裏も同様にする。

拡大

4 上の1枚の角を中央に合わせて折る。

5 折ったところ。裏も同様にする。

6 上の1枚を三角に折る。

7 さらに三角に折る。

8 ●を○の中に差し込む。

差し込んでいるところ。

9 差し込んだところ。残り3カ所も6〜8と同様にする。

10 折り筋をつける。

11 ふくらまして形をととのえる。

向きを変える

できあがり

55

茎

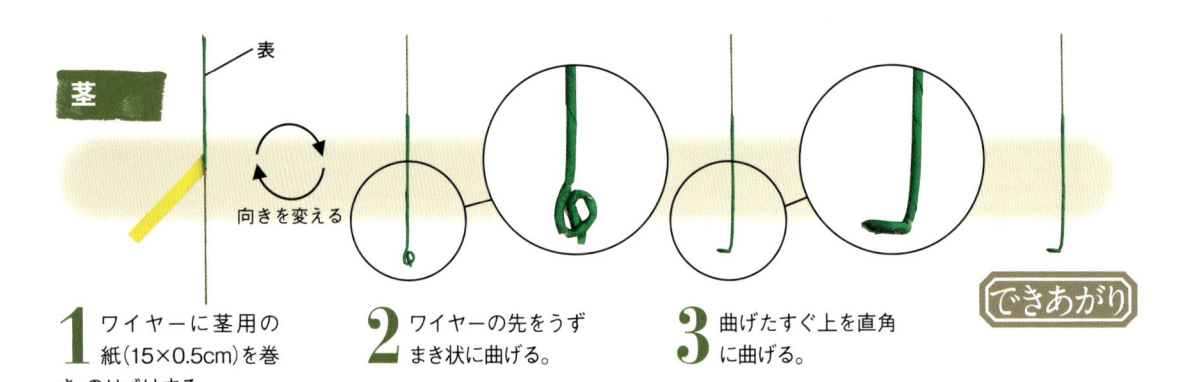

表
向きを変える

1 ワイヤーに茎用の紙（15×0.5cm）を巻き、のりづけする。

2 ワイヤーの先をうずまき状に曲げる。

3 曲げたすぐ上を直角に曲げる。

できあがり

組み合わせ方

のりをつける

1 茎のうずまき状の部分に、のりをつける。

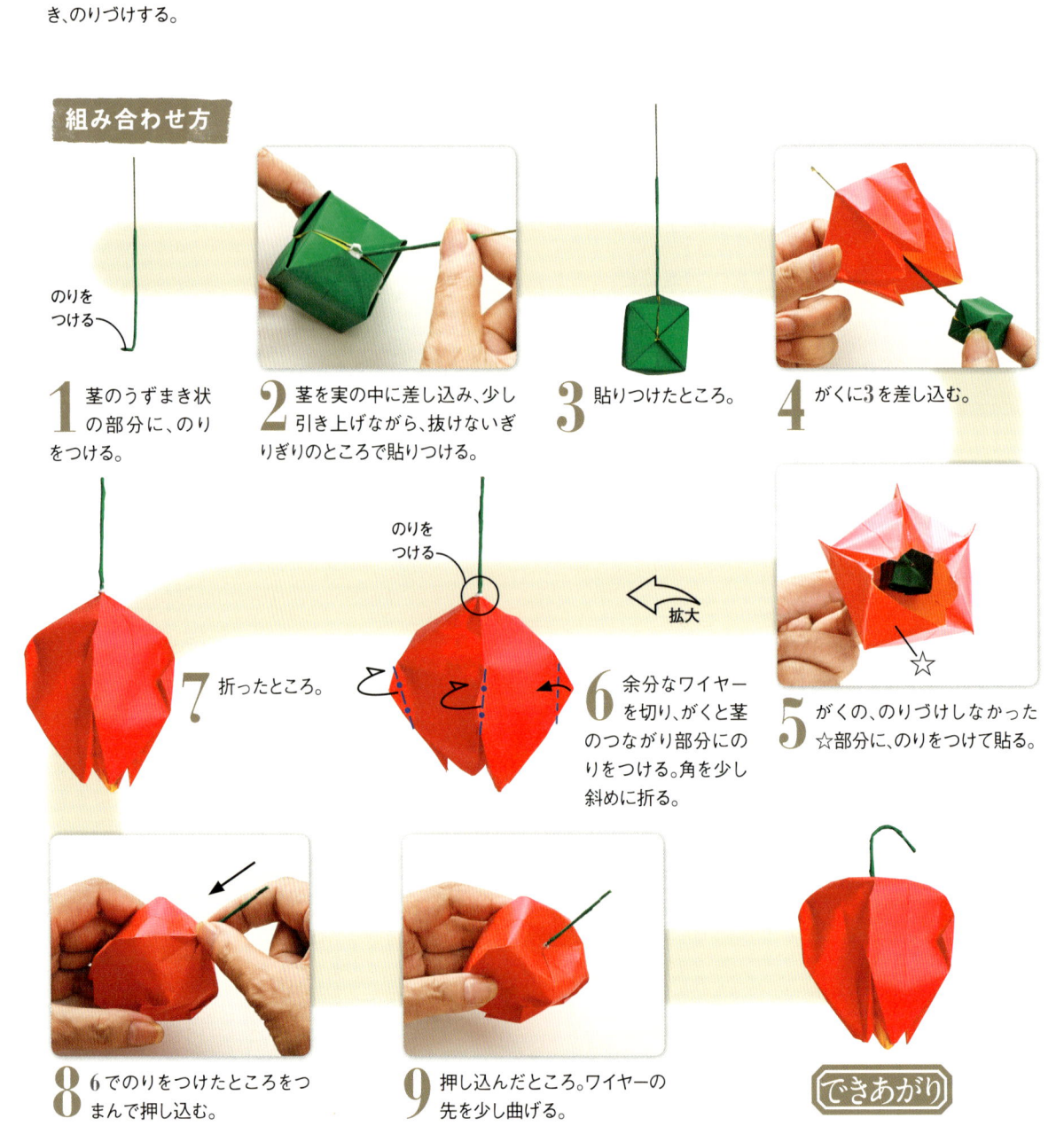

2 茎を実の中に差し込み、少し引き上げながら、抜けないぎりぎりのところで貼りつける。

3 貼りつけたところ。

4 がくに3を差し込む。

5 がくの、のりづけしなかった☆部分に、のりをつけて貼る。

のりをつける
拡大

6 余分なワイヤーを切り、がくと茎のつながり部分にのりをつける。角を少し斜めに折る。

7 折ったところ。

8 6でのりをつけたところをつまんで押し込む。

9 押し込んだところ。ワイヤーの先を少し曲げる。

できあがり

桔梗

紫色の美しい花を咲かせる桔梗は、秋の七草のひとつです。
和風のかごを用いると桔梗との相性もよく、上品な雰囲気に。

原案　おりがみ会館

桔梗

材料

花：8×8cm	1枚
花芯：2×7.5cm	1枚
つぼみ：8×8cm	1枚
がく：4×4cm	2枚

アドバイス

正六角形をのりづけするとき、花は凹の形に、つぼみとがくは凸の形に成形します。間違えないように気をつけましょう。

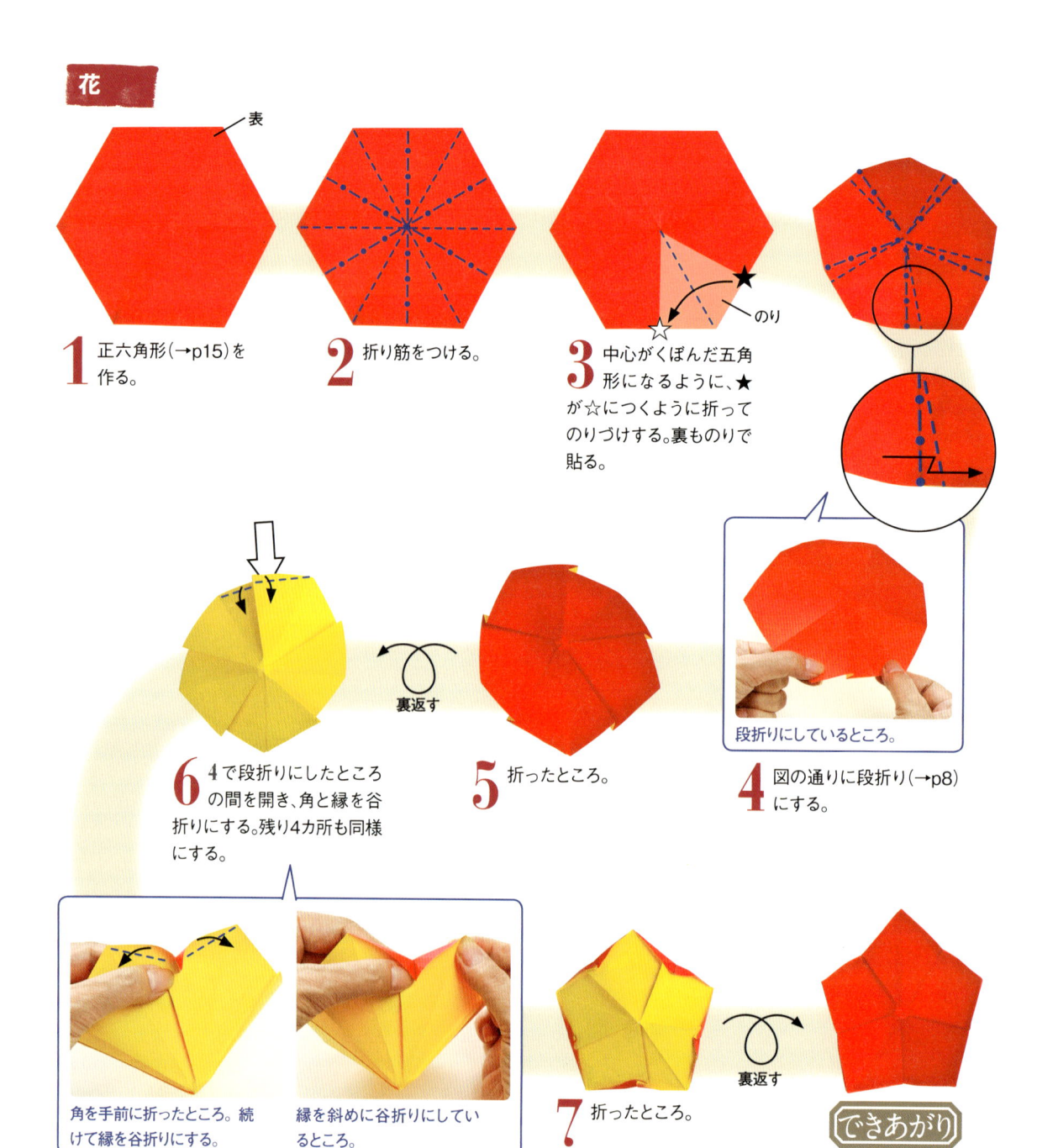

花

1 正六角形（→p15）を作る。

2 折り筋をつける。

3 中心がくぼんだ五角形になるように、★が☆につくように折ってのりづけする。裏ものりで貼る。

4 図の通りに段折り（→p8）にする。

段折りにしているところ。

5 折ったところ。

6 4で段折りにしたところの間を開き、角と縁を谷折りにする。残り4カ所も同様にする。

角を手前に折ったところ。続けて縁を谷折りにする。

縁を斜めに谷折りにしているところ。

7 折ったところ。

裏返す

できあがり

花芯

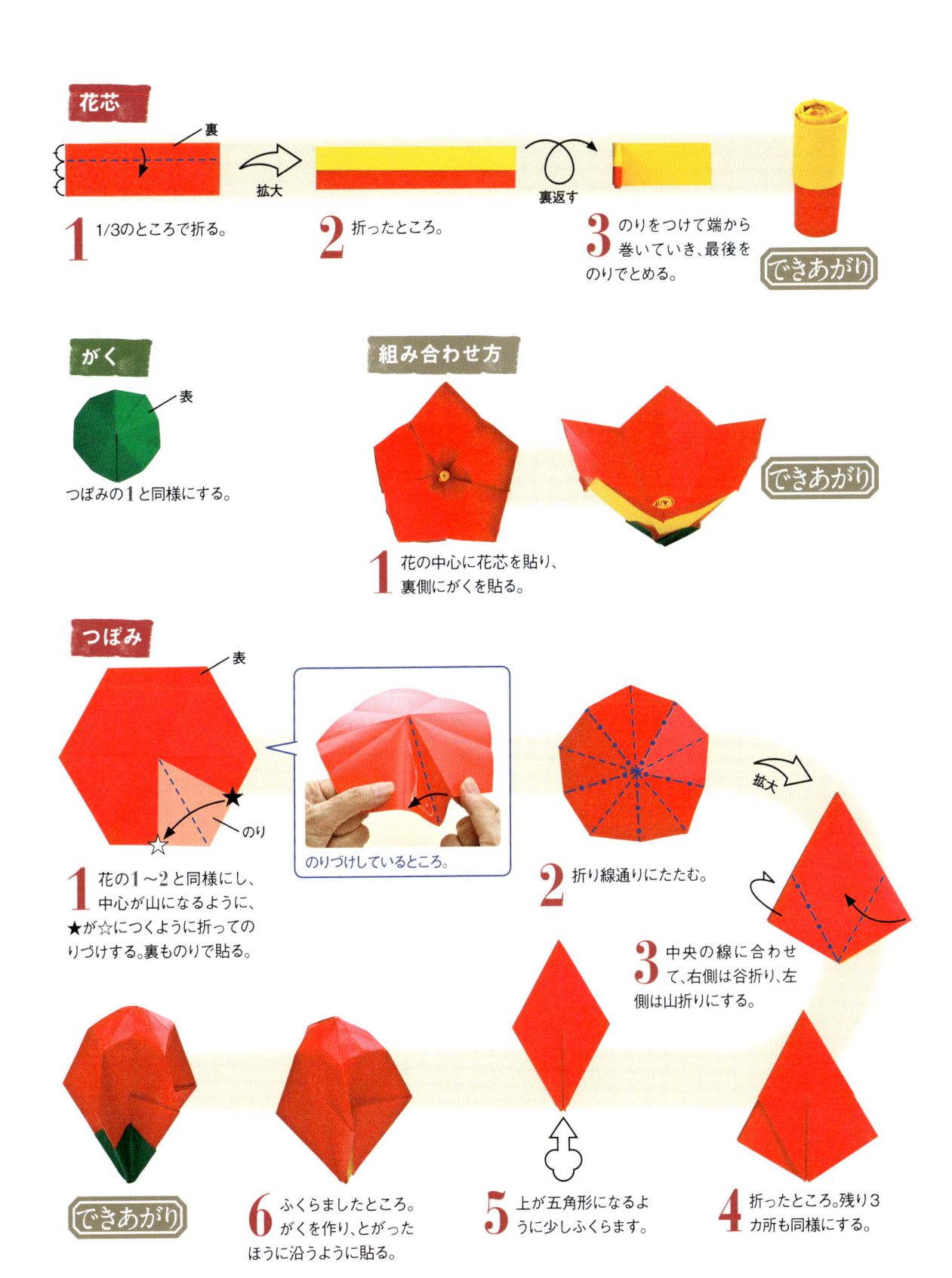

1 1/3のところで折る。

2 折ったところ。

3 のりをつけて端から巻いていき、最後をのりでとめる。

できあがり

がく

つぼみの**1**と同様にする。

組み合わせ方

1 花の中心に花芯を貼り、裏側にがくを貼る。

できあがり

つぼみ

1 花の**1**〜**2**と同様にし、中心が山になるように、★が☆につくように折ってのりづけする。裏ものりで貼る。

のりづけしているところ。

2 折り線通りにたたむ。

3 中央の線に合わせて、右側は谷折り、左側は山折りにする。

4 折ったところ。残り3カ所も同様にする。

5 上が五角形になるように少しふくらます。

6 ふくらましたところ。がくを作り、とがったほうに沿うように貼る。

できあがり

バラ

ツヤのある紙で作ったバラは、とても豪華でエレガント。
落ち着いた色を選べば、シックに仕上がり素敵です。

バラ

材料
10×10cm　　　1枚

> **アドバイス**
> プロセス11のあと、もう一度ピンセットで中心をはさんでねじり直すと、形がきれいにととのいます。

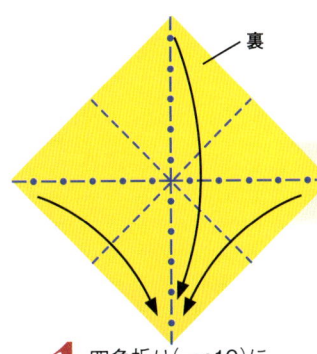

1 四角折り（→p10）にする。

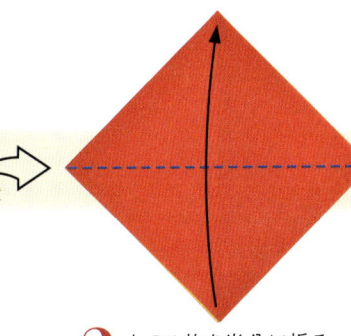

2 上の1枚を半分に折る。裏も同様にする。

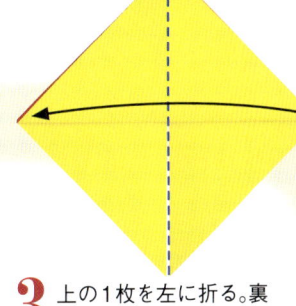

3 上の1枚を左に折る。裏も同様にする。

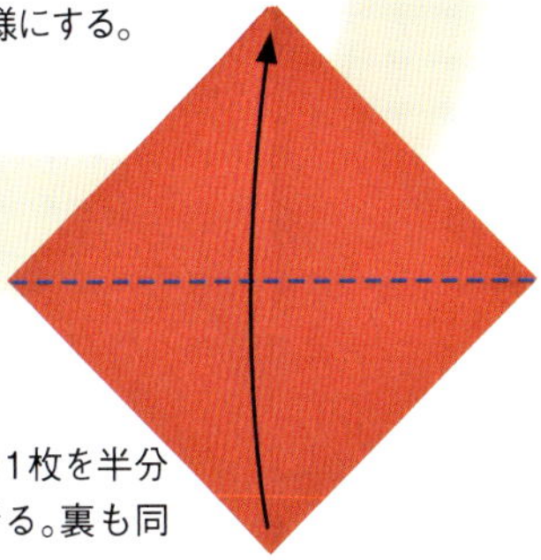

4 上の1枚を半分に折る。裏も同様にする。

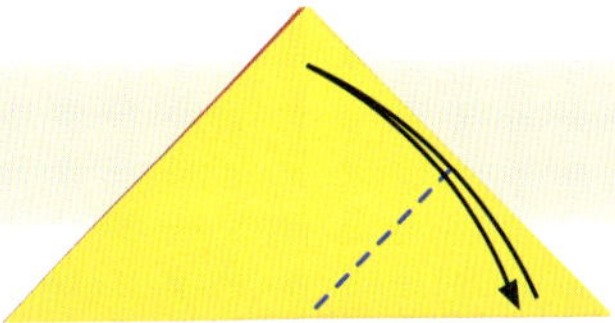

5 中央に合わせて折り筋をつける。

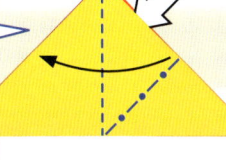

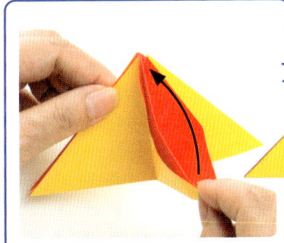

6 間を開いてたたむ。残り3カ所も5〜6と同様にする。

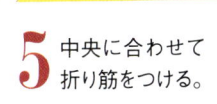

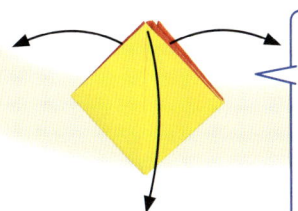

開く場所が2カ所あるが、手前から2番目を開いてたたむ。

7 たたんだところを開く。

中心の上下を軽く押さえながら開く。

8 中心をピンセットではさみ、時計回りにねじる。

9 中心を押し込むようにしながら、しっかりとねじる。

10 中心の上下を軽く押さえながら開く。

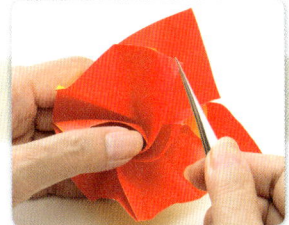

11 中心の上下を軽く押さえながら、内側の先端4カ所、外側の先端4カ所の順に、ピンセットで外方向に巻く。

できあがり

菊

花びらが多い菊の美しさを大小の花を重ねて表現しました。
二重になった分だけ厚みが増し、気品高く仕上がります。

原案　冨田登志江

菊

材料
花（大）：10×10cm　4枚
　（小）：5×5cm　4枚
葉：10×10cm　1枚

アドバイス
葉の折り筋は2回に分けてつけます。一度に細かくつけるよりも、かえって楽に均等の筋がつけられます。

花

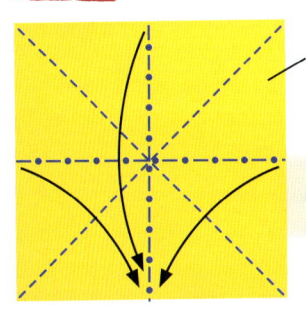

1 三角折り（→p11）にする。

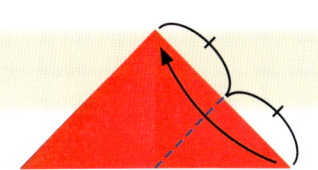

2 中央の折り筋に合わせて折る。

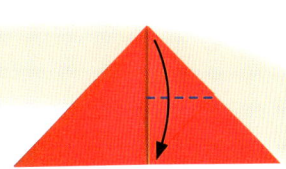

3 上の1枚を半分に折る。

4 折ったところ。2の形に戻す。

5 折り線を使い、間を開いて四角にたたむ。

6 たたんだところ。残り3カ所も2〜5と同様にする。

拡大

7 折り筋をつける。

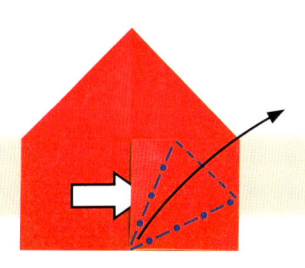

8 折り線を使い、開いてたたむ。

9 たたんだところ。残り3カ所も7〜8と同様にする。

次のページへ

63

10 上の1枚を左に折る。裏も同様にする。

11 ☆と★が合うように折る。

12 ☆と★が合うように折る。

15 切り込みを入れる。

14 ⑦を半分に折る。

13 図の位置で折る。

16 ⑦を戻す。

17 上の1枚を右に折る。

18 ☆と★が合うように折る。

19 折ったところ。左側も12〜17と同様にする。

22 のりづけしたところ。

21 中央に合わせて左右を折り、のりづけする。

20 折ったところ。

裏返す

次のページへ

64

裏返す

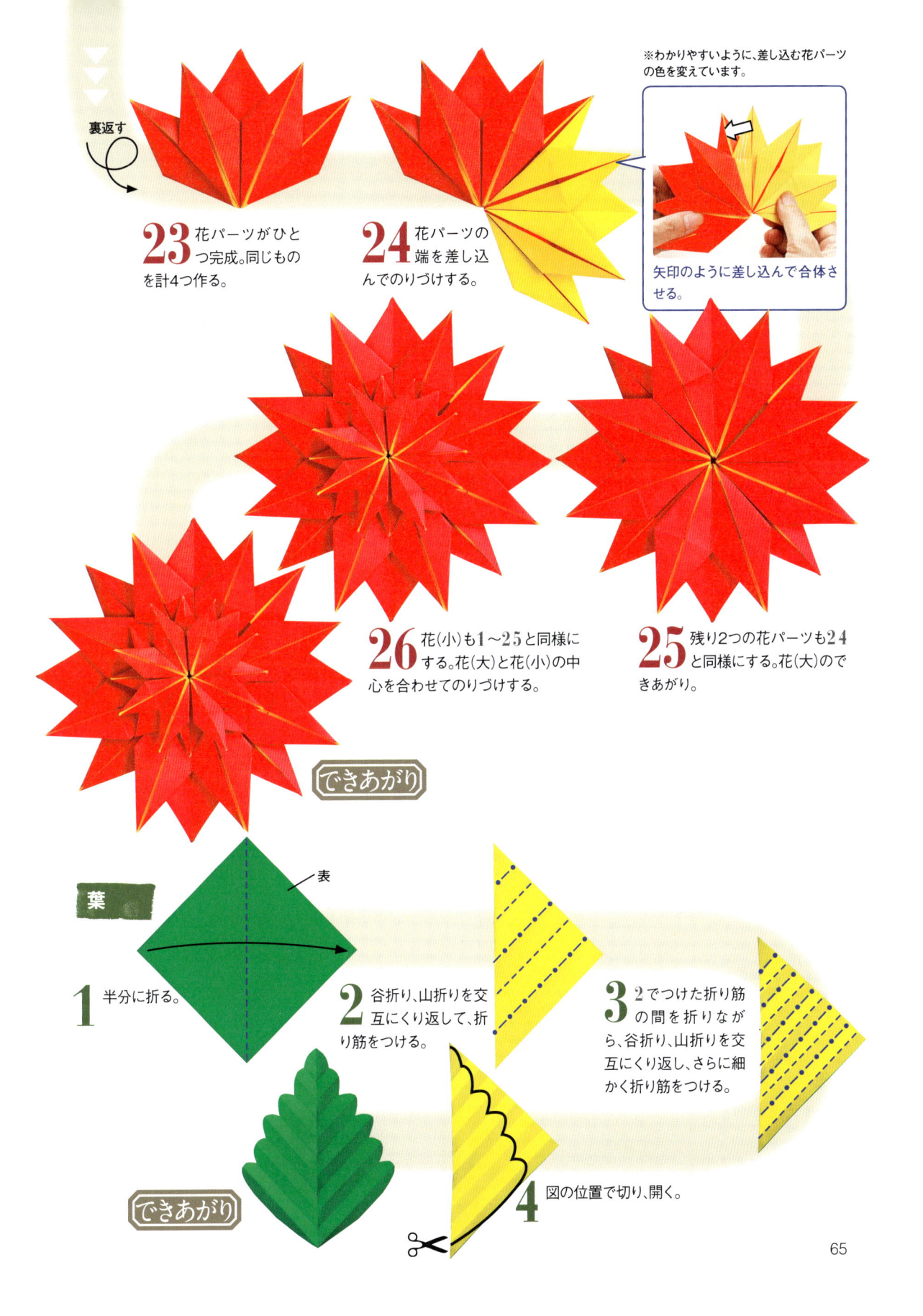

23 花パーツがひとつ完成。同じものを計4つ作る。

24 花パーツの端を差し込んでのりづけする。

※わかりやすいように、差し込む花パーツの色を変えています。

矢印のように差し込んで合体させる。

26 花(小)も1～25と同様にする。花(大)と花(小)の中心を合わせてのりづけする。

25 残り2つの花パーツも24と同様にする。花(大)のできあがり。

できあがり

葉

表

1 半分に折る。

2 谷折り、山折りを交互にくり返して、折り筋をつける。

3 2でつけた折り筋の間を折りながら、谷折り、山折りを交互にくり返し、さらに細かく折り筋をつける。

4 図の位置で切り、開く。

できあがり

梅

立体感のある花びらが、本物らしい仕上がりです。
茶菓子に添えるほか、色紙に貼って壁に飾っても。

原案　中島進

梅

材料

花：5.5 × 5.5cm	2枚
つぼみ：5.5 × 5.5cm	1枚
枝：約50 × 1cm	1枚
ワイヤー（#18）	適量

※ワイヤーは枝ぶりに応じて好みの長さと本数を用意しましょう。

アドバイス

プロセス10で作るつけ足す花びらは、1/4しか使いません。余った分は、ほかの花やつぼみに活用しましょう。

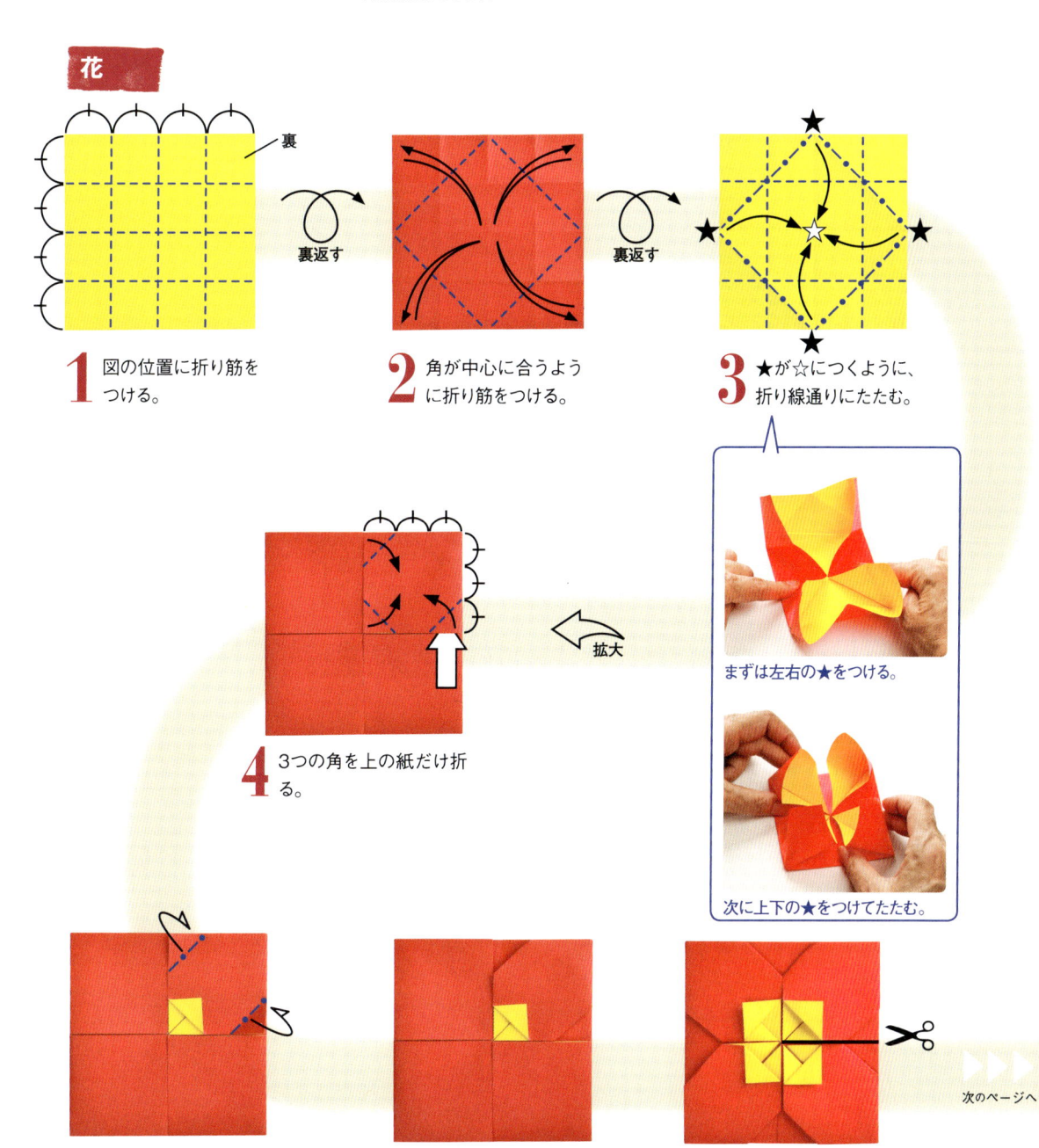

花

1 図の位置に折り筋をつける。

2 角が中心に合うように折り筋をつける。

裏返す

3 ★が☆につくように、折り線通りにたたむ。

裏返す

拡大

まずは左右の★をつける。

次に上下の★をつけてたたむ。

4 3つの角を上の紙だけ折る。

5 2カ所を戻し、折り線のところで山折りにする。

6 折ったところ。残り3カ所も4〜5と同様にする。

7 1カ所に切り込みを入れる。

次のページへ

67

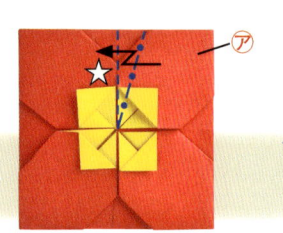

8 ⑦の面が☆の上に重なるように、後ろの紙を段折り(→p8)にする。残り2カ所も同様にする。

段折りにしているところ。

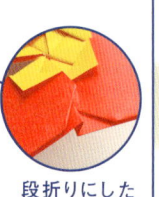

段折りにしたところ。

つけ足す花びらを作る

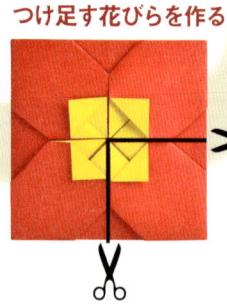

9 段折りにしたところ。

10 1〜6と同様にして花をもうひとつ作り、1/4を切り取る。

11 つけ足す花びらのできあがり。この花びらを9につけ足す。

向きを変える

12 ★の下に☆を差し込み、中心を合わせる。

※わかりやすいように、つけ足す花びらの色を変えています。

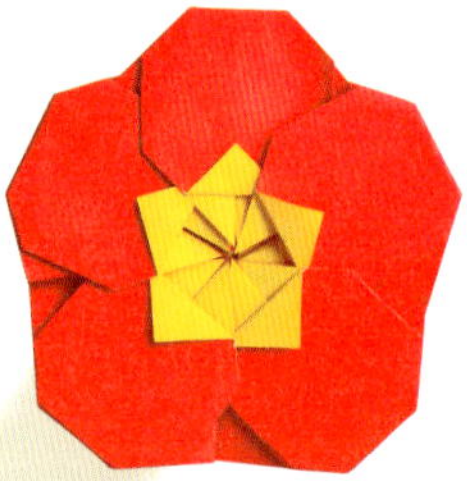

13 ★の下に☆を差し込む。

14 差し込んだところ。のりづけする。

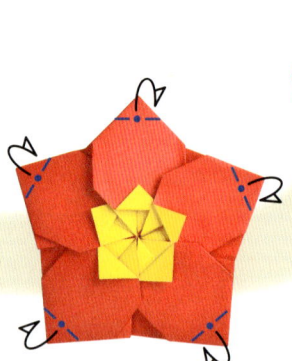

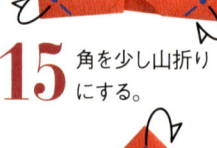

15 角を少し山折りにする。

できあがり

つぼみ

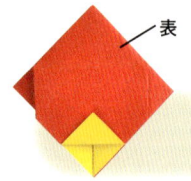

1 花の11と同じものを作る。

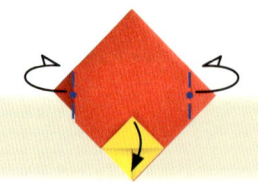

表

2 左右の角を山折りにし、下の角は戻す。

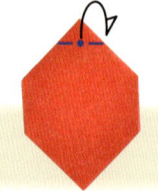

3 花びらの先を少し山折りにする。

できあがり

枝

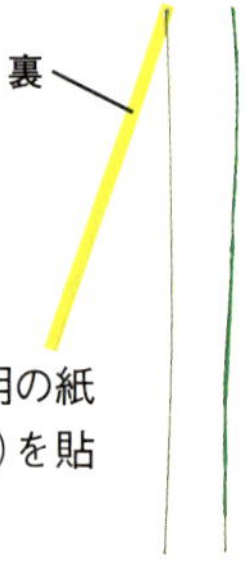

裏

1 ワイヤーに枝用の紙(約50×1cm)を貼り、巻きつける。

できあがり

組み合わせ方

枝に花やつぼみを自由に貼る。枝分かれにしたいときは、枝の作り方と同じ要領で2本の枝を途中からいっしょに巻き、好みの枝ぶりに形作る。

椿

鮮やかな赤と白の花、光沢のある深緑の葉で、椿を表現。
白木の盆に飾ると、すっきりとして垢抜けた印象になります。

椿

材料
花：10.5 × 10.5cm　　1枚
花芯：2 × 10cm　　1枚
葉：10.5 × 10.5cm　　1枚

アドバイス
椿の特徴であるツヤのある葉を表現するために、光沢のある紙を選びましょう。やや硬めの紙が向いています。

花

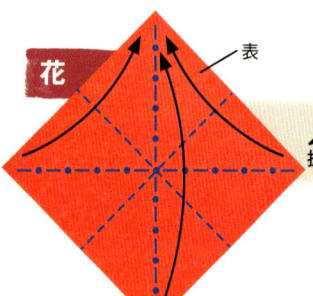

1 四角折り(→p10)にする。

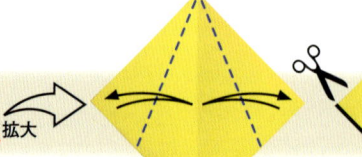

2 折り筋をつける。裏も同様にする。

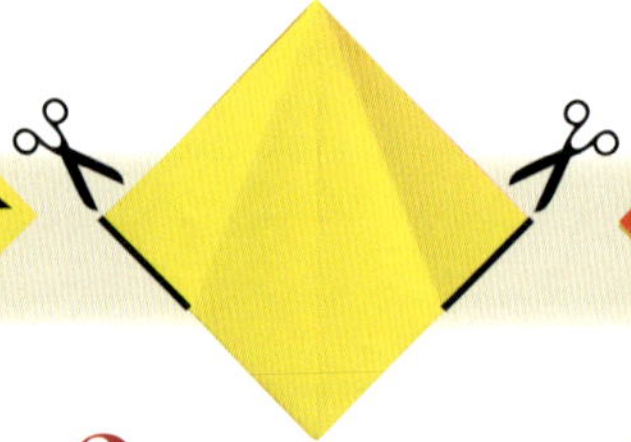

3 2でつけた折り筋のところまで切り込みを入れる。裏も同様にする。

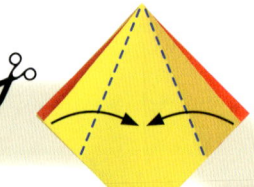

4 折り線通りに折る。

5 折ったところ。残り3カ所も4と同様にする。

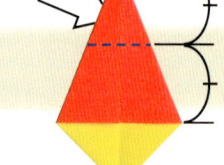

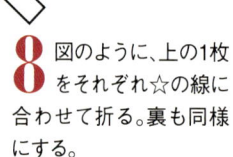

6 上の1枚を折る。

7 折ったところ。残り3カ所も同様にする。

8 図のように、上の1枚をそれぞれ☆の線に合わせて折る。裏も同様にする。

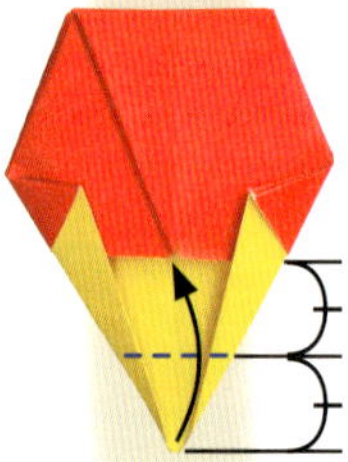

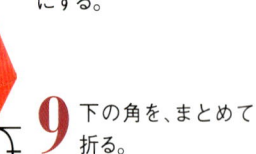

9 下の角を、まとめて折る。

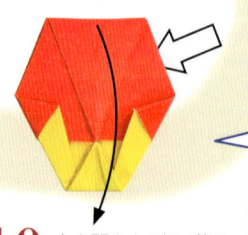

10 上を開きながら、花の形にととのえる。

開いているところ。

11 角を少し山折りにする。

12 睡蓮の花芯と同じものを作り(→p48)、花の中心に貼る。

できあがり

葉

1 三角の折り筋をつけたざぶとん折り(→p9アドバイス)にする。

2 図の通りに切り込みを入れる。

3 切り込みの角を折る。

4 半分に折る。

5 上の1枚を少しすき間をあけて折る。

6 半分に折る。

7 上の1枚を少しすき間をあけて折る。

8 角を少し折る。

9 折ったところ。

裏返す

できあがり

組み合わせ方

花と葉の中心を合わせ、花びらが葉の間になるように貼る。

できあがり

71

水仙

すっと真っすぐ伸びた茎の先に清楚な花を咲かせる水仙。
色紙に貼れば、立てかけたり壁に貼ったりして楽しめます。

原案　川井淑子

水仙

材料

花：7.5 × 7.5cm	1枚
花芯：3.5 × 2cm	1枚
葉：4 × 12cm	3枚
茎：2 × 10cm	1枚

アドバイス

台紙に貼るときは、まず茎と花を貼り、次にバランスを見ながら葉を貼っていきます。葉は長さを変えたり、折り返したりすると雰囲気よく仕上がります。

花

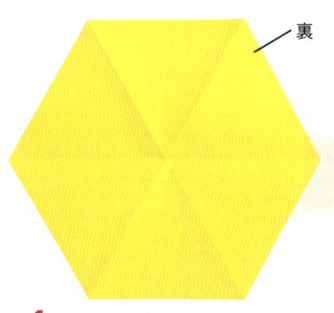

1 正六角形（→p15）を作る。

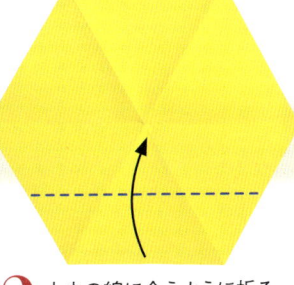

2 中央の線に合うように折る。

3 折ったところ。戻す。

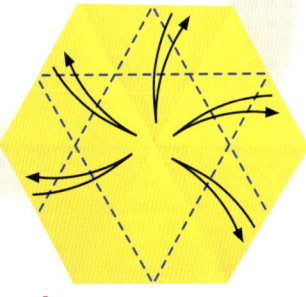

4 残り5カ所も 2〜3 と同様にして、折り筋をつける。

5 折り筋をつけたところ。図の位置で谷折りにする。

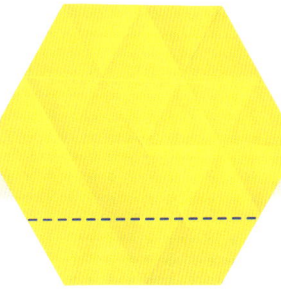

6 折り筋を使って、★が☆につくようにたたむ。

たたんでいるところ。

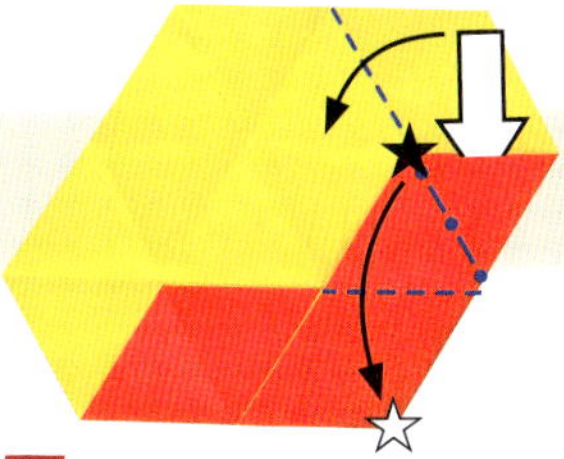

7 6と同様にして、残り5カ所もたたむ。

8 最後の部分は、最初にたたんだ部分を少し開いて、押し込むようにしてたたむ。

次のページへ

73

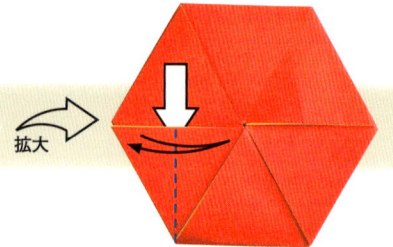

9 三角の部分を半分に折り、折り筋をつける。

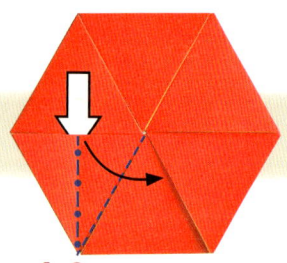

10 間を開いてたたむ。

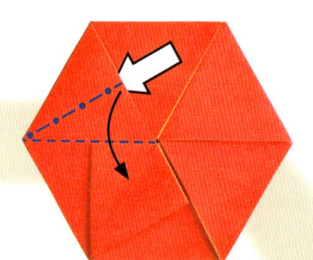

11 残り5カ所も9〜10と同様にしてたたむ。

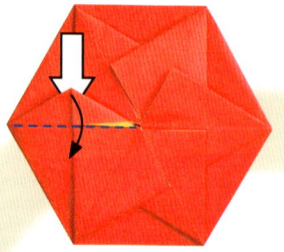

14 谷折りにする。

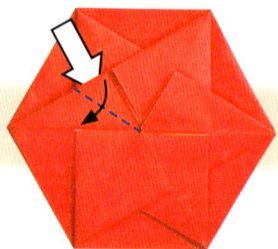

13 半分に折ったところを三角に折る。

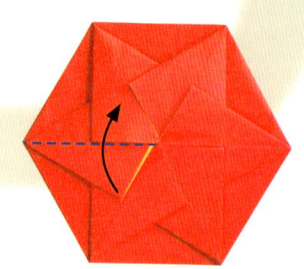

12 たたんだところを半分に折る。

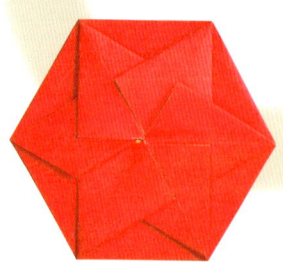

15 谷折りにしたところ。残り11カ所も12〜14と同様にする。

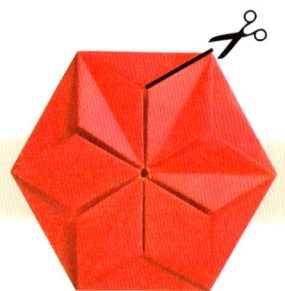

16 後ろの紙に切り込みを入れる。

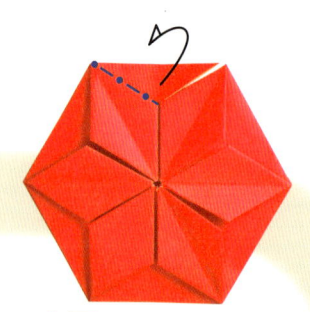

17 山折りにし、のりづけする。

できあがり

19 中心に穴をあける。

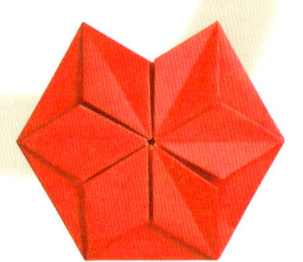

18 のりづけしたところ。残り5カ所も16〜17と同様にする。

拡大

花芯

1 鉛筆を芯にして巻き、貼る。 のりしろ 0.2cm 裏

2 内側の端にのりをつける。 拡大

3 鉛筆を中に入れて、のりのついている端をねじる。

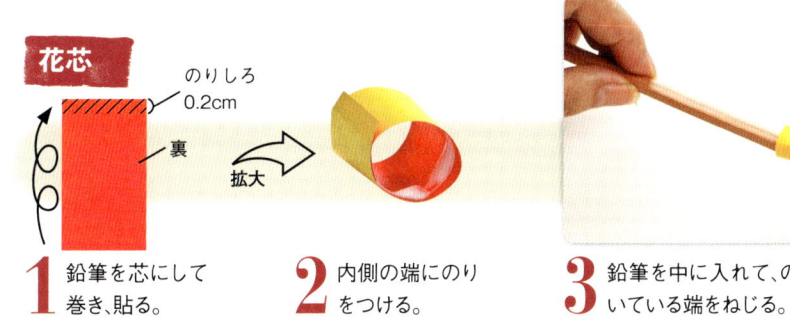

できあがり

組み合わせ方

1 花の中心の穴にのりをつけ、花芯を差し込む。裏にはみ出した部分は切る。

できあがり

葉

1 左側は1/3、右側は1/2のところに印をつける。 裏 (1/3 1/2)

2 印のところで谷折りにする。

3 半分に折る。

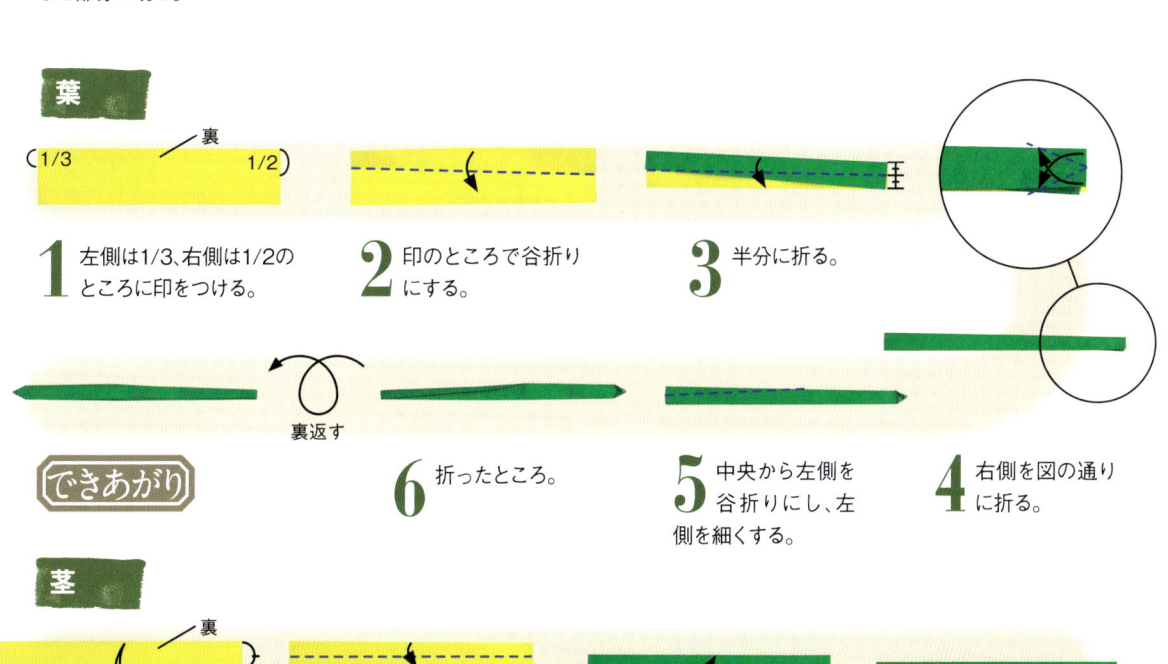

4 右側を図の通りに折る。

5 中央から左側を谷折りにし、左側を細くする。

6 折ったところ。 裏返す

できあがり

茎

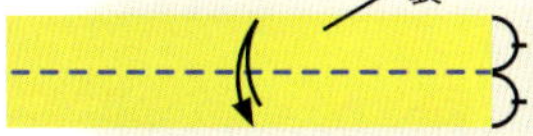

1 折り筋をつける。 裏

2 中央に合わせて上下を折る。

3 半分に折る。

できあがり

犬のきもち

おもわず「くすっ」と笑ってしまいそうな、犬のしぐさを折り紙で表現。上半身と下半身を別々に作り、組み合わせて完成です。どのきもちの犬も、基本の犬を少しアレンジするだけで作れます。

おて！

早く食べたいな〜

おて 作り方→ p81

すくっ！

ん？お散歩タイムかな？

基本の犬 作り方→ p78

ちんちん！

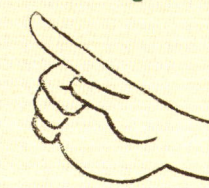

「うれしいちん♪」

ちんちん 作り方→ p82

おすわり！

「ごほうびは何かな〜」

おすわり 作り方→ p80

ふせ！

「いいこにするからほめてね〜」

ふせ 作り方→ p82

アレンジ　湯浅信江

基本の犬

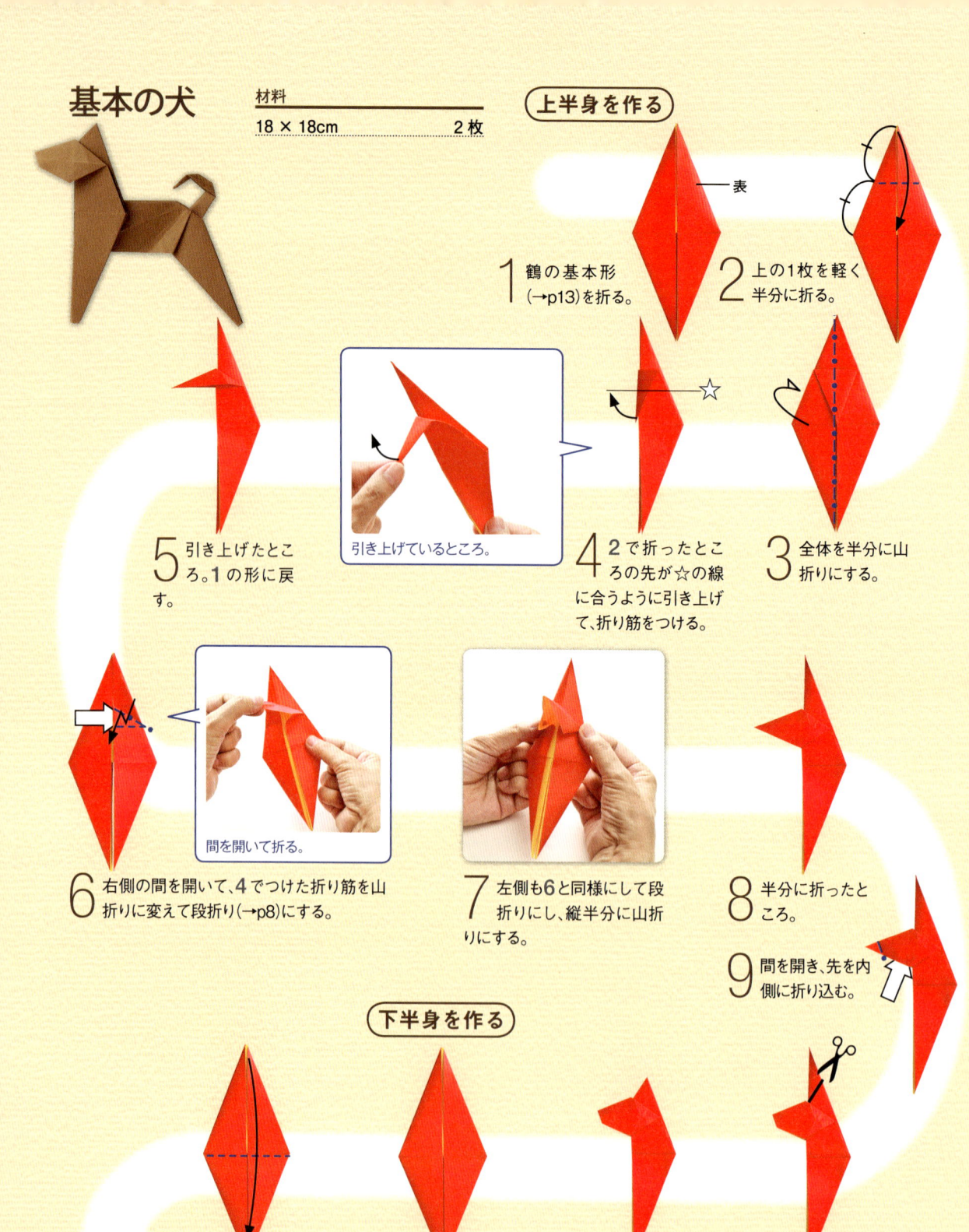

材料　18×18cm　2枚

上半身を作る

1. 鶴の基本形（→p13）を折る。
2. 上の1枚を軽く半分に折る。
3. 全体を半分に山折りにする。
4. 2で折ったところの先が☆の線に合うように引き上げて、折り筋をつける。
5. 引き上げたところ。1の形に戻す。
6. 右側の間を開いて、4でつけた折り筋を山折りに変えて段折り（→p8）にする。
7. 左側も6と同様にして段折りにし、縦半分に山折りにする。
8. 半分に折ったところ。
9. 間を開き、先を内側に折り込む。
10. 図の位置で切る。
11. 上半身のできあがり。

下半身を作る

12. 鶴の基本形を折る。
13. 上の1枚を下に折る。

次のページへ

14 後ろの1枚に山折り線をつける。

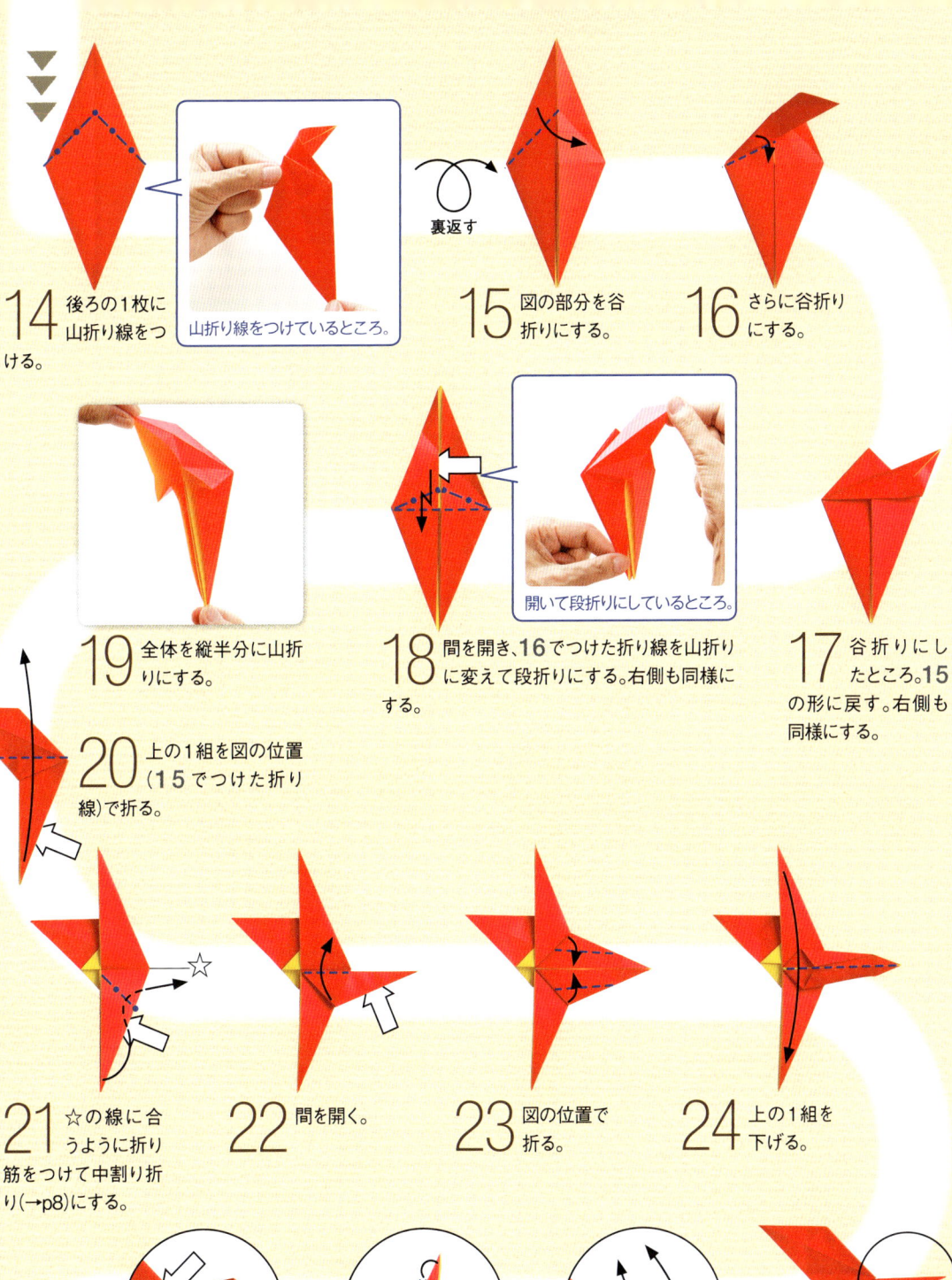

山折り線をつけているところ。

15 図の部分を谷折りにする。

裏返す

16 さらに谷折りにする。

17 谷折りにしたところ。15の形に戻す。右側も同様にする。

18 間を開き、16でつけた折り線を山折りに変えて段折りにする。右側も同様にする。

開いて段折りにしているところ。

19 全体を縦半分に山折りにする。

20 上の1組を図の位置（15でつけた折り線）で折る。

21 ☆の線に合うように折り筋をつけて中割り折り（→p8）にする。

22 間を開く。

23 図の位置で折る。

24 上の1組を下げる。

25 下げたところ。

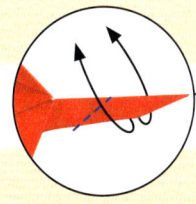

26 図の位置で、かぶせ折り（→p8）にする。

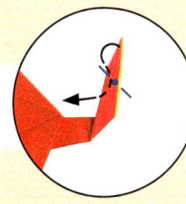

27 先を少し中割り折りにする。

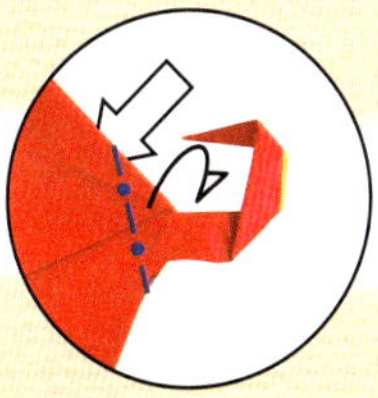

28 図の部分を内側に折る。裏も同様にする。

次のページへ

79

29 先を少し内側に折り込む。

30 お尻の部分をのりづけする。

31 下半身のできあがり。

(組み合わせる)

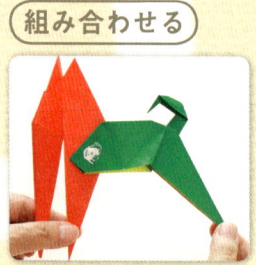

32 上半身の間を開き、下半身の表と裏にのりをつけ、貼り合わせる。
※わかりやすいように、下半身の色を変えています。

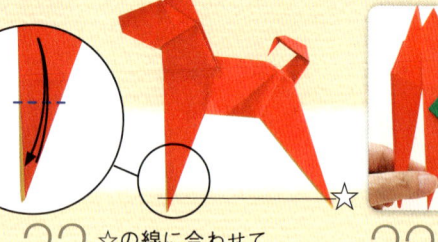

33 ☆の線に合わせて、足先4カ所に折り筋をつける。

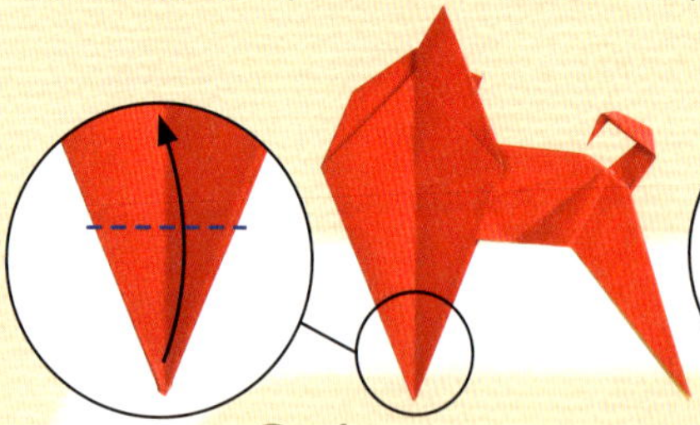

34 上半身の上の1組を開き、33でつけた折り線を使って折る。

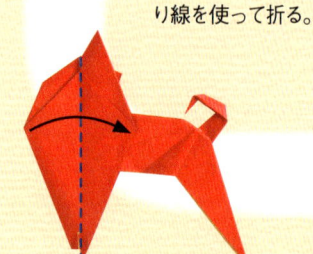

35 中央の折り線で折る。

36 足1本のできあがり。残り3本も同様にする。

できあがり

おすわり

※材料は基本の犬と同じです。

(上半身を作る)

1 基本の犬の1〜11と同様にする。

表

(下半身を作る)

2 基本の犬の12〜27と同様にする。

3 ☆の線に合うように折る。

4 折ったところ。元に戻す。

5 中割り折り(→p8)にする。

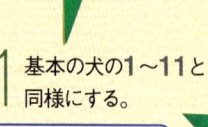

6 さらに中割り折りにする。

中割り折りにしているところ。

次のページへ

80

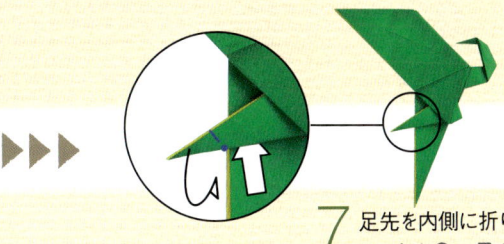

7 足先を内側に折り込む。裏も3〜7と同様にする。

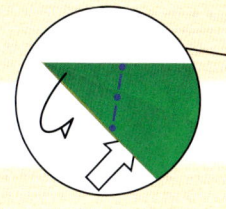

8 基本の犬の28〜30と同様にする。

9 下半身のできあがり。

組み合わせる

10 上半身の間を開き、下半身の表と裏にのりをつけ、貼り合わせる。
※わかりやすいように、下半身の色を変えています。

11 前足先を後ろ足の高さに合わせて内側に折り込む。

できあがり

おて

※材料は基本の犬と同じです。

上半身を作る

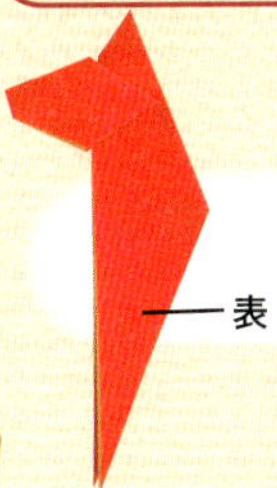

1 基本の犬の1〜11と同様にする。

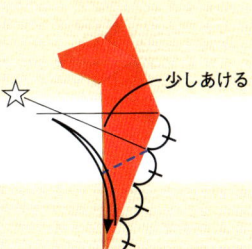

2 上の1組を☆の線に合うように折り、折り筋をつける。

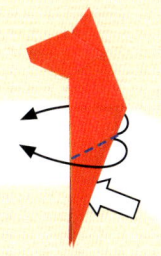

3 折り線を使って、かぶせ折り(→p8)にする。

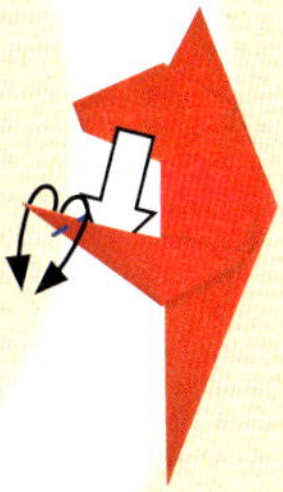

4 先を少しかぶせ折りにする。

5 先端を内側に折り込み、上半身のできあがり。

下半身を作る

6 おすわりの2〜9と同様にする。

組み合わせる

7 上半身の間を開き、下半身の表と裏にのりをつけ、貼り合わせる。
※わかりやすいように、下半身の色を変えています。

8 前足先を後ろ足の高さに合わせて内側に折り込む。

できあがり

ちんちん

※材料は基本の犬と同じです。

上半身を作る

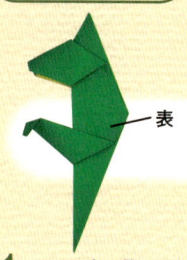

1 おての1〜5と同様にする。

2 図の位置で山折りにし、おての3〜5と同様にする。

3 上半身のできあがり。

組み合わせる

5 上半身の間を開き、下半身の表と裏にのりをつけ、貼り合わせる。
※わかりやすいように、下半身の色を変えています。

下半身を作る

4 おすわりの2〜9と同様にする。

6 ⑦を少し引き下げて立っているように角度を変える。

できあがり

ふせ

※材料は基本の犬と同じです。

上半身を作る

1 ちんちんの1〜3と同様にする。前足を星の線くらいまで下げる。

2 上半身のできあがり。

下半身を作る

3 おすわりの2〜9と同様にする。

組み合わせる

4 上半身の間を開き、下半身の表と裏にのりをつけ、貼り合わせる。
※わかりやすいように、下半身の色を変えています。

5 前足の下を少し山折りにして平らにする。⑦は少し引き上げる。裏も同様にする。

できあがり

82

Chapter 2
楽しい行事の折り紙

伝統的なものからカジュアルなものまで、一年には
多くの行事があります。折り紙で行事に華を添えましょう。

正月

縁起ものの鶴を色紙に貼ったお飾りは豪華絢爛。
門松といっしょに飾って、新年を祝いましょう。

門松

材料

松：22 × 22cm	1枚
帯：1 × 17cm	1枚
リボン：1 × 19.5cm	1枚
結び目：1 × 6cm	1枚

> **アドバイス**
> 帯は、表と裏の両面に色のある紙を使っています。赤と金のほか、赤と白などおめでたい色の組み合わせがおすすめです。

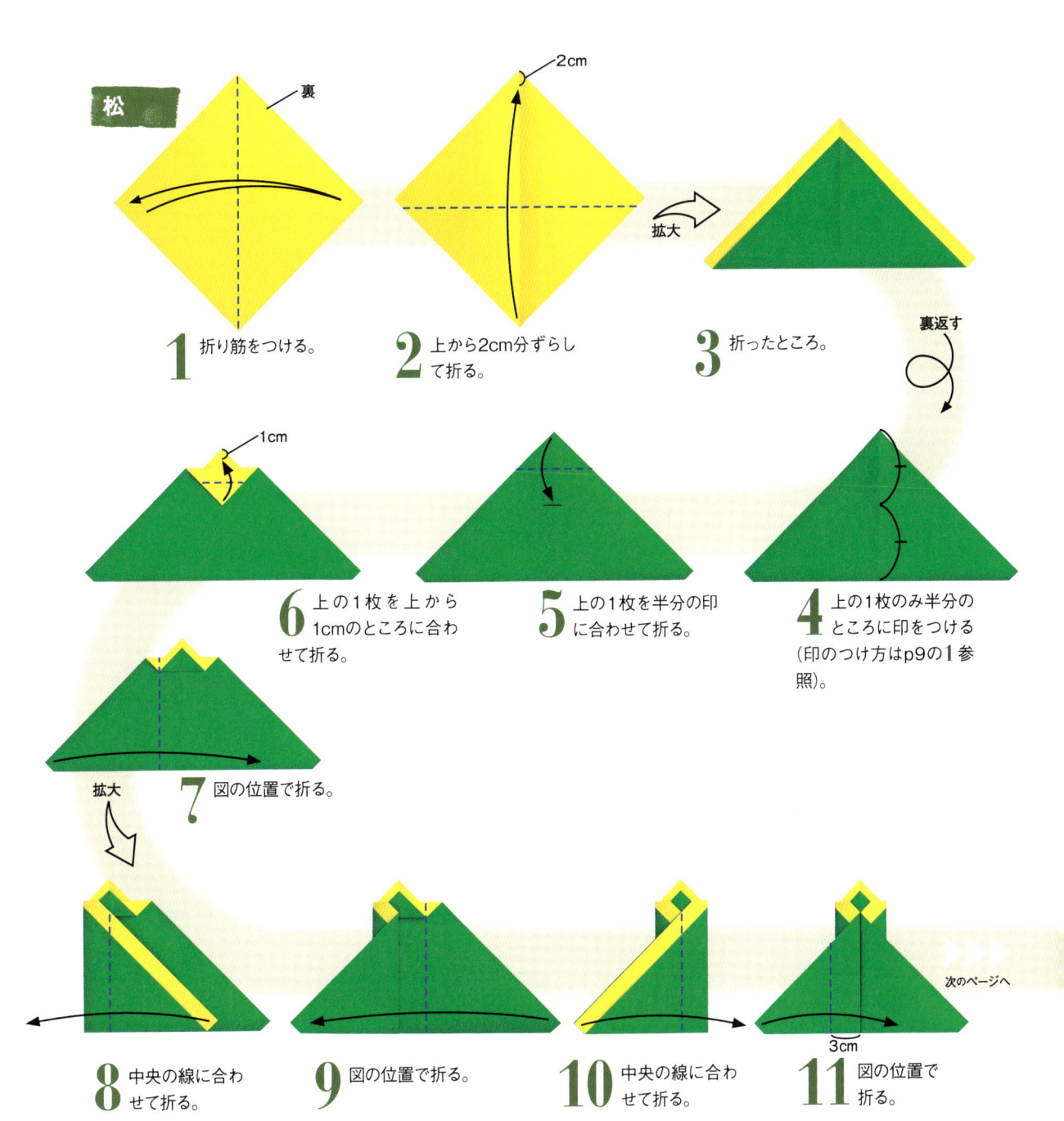

松

1 折り筋をつける。

2 上から2cm分ずらして折る。

3 折ったところ。

4 上の1枚のみ半分のところに印をつける（印のつけ方はp9の1参照）。

5 上の1枚を半分の印に合わせて折る。

6 上の1枚を上から1cmのところに合わせて折る。

7 図の位置で折る。

8 中央の線に合わせて折る。

9 図の位置で折る。

10 中央の線に合わせて折る。

11 図の位置で折る。

次のページへ

85

12 中央の線に合わせて折る。

13 折ったところ。右側も11～12と同様にする。

できあがり

仕上げ方

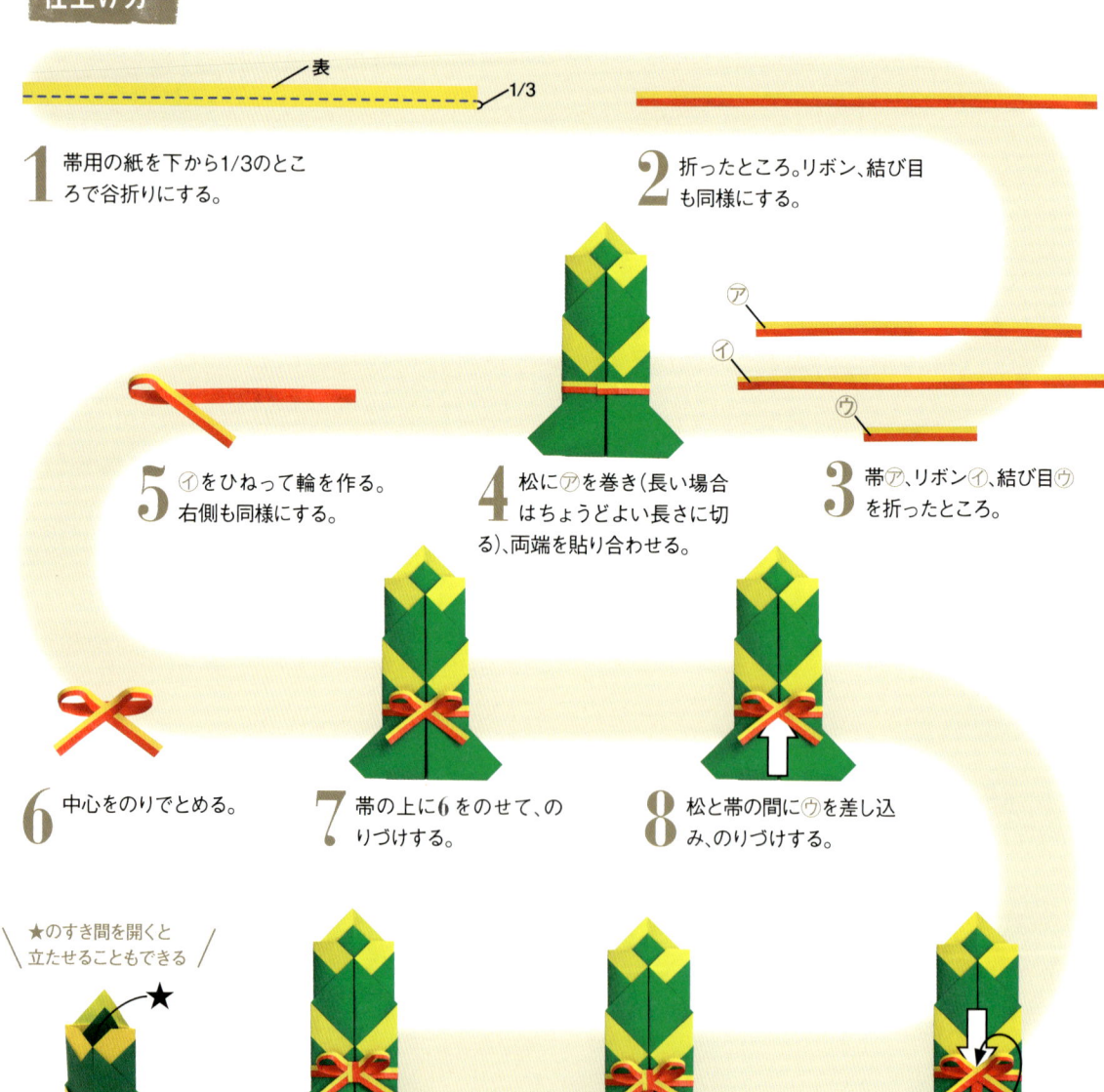

表　1/3

1 帯用の紙を下から1/3のところで谷折りにする。

2 折ったところ。リボン、結び目も同様にする。

3 帯㋐、リボン㋑、結び目㋒を折ったところ。

4 松に㋐を巻き（長い場合はちょうどよい長さに切る）、両端を貼り合わせる。

5 ㋑をひねって輪を作る。右側も同様にする。

6 中心をのりでとめる。

7 帯の上に6をのせて、のりづけする。

8 松と帯の間に㋒を差し込み、のりづけする。

9 ㋒でリボンの中央を巻き、松と帯の間に差し入れる。

10 あまりを切り、のりづけする。

切る

できあがり

★のすき間を開くと立たせることもできる

86

扇の鶴

材料
55.5 × 55.5cm　　1枚

アドバイス
裏面の色をいかした作品なので、両面に色のある紙を選びましょう。また、立ててもしならないように厚手の紙がおすすめです。

1 折り筋をつける。

2 折り筋をつけたところ。

3 折り筋をつける。

4 折り筋をつける。

5 図の位置で切る。

6 半分に折る。

7 半分に折る。

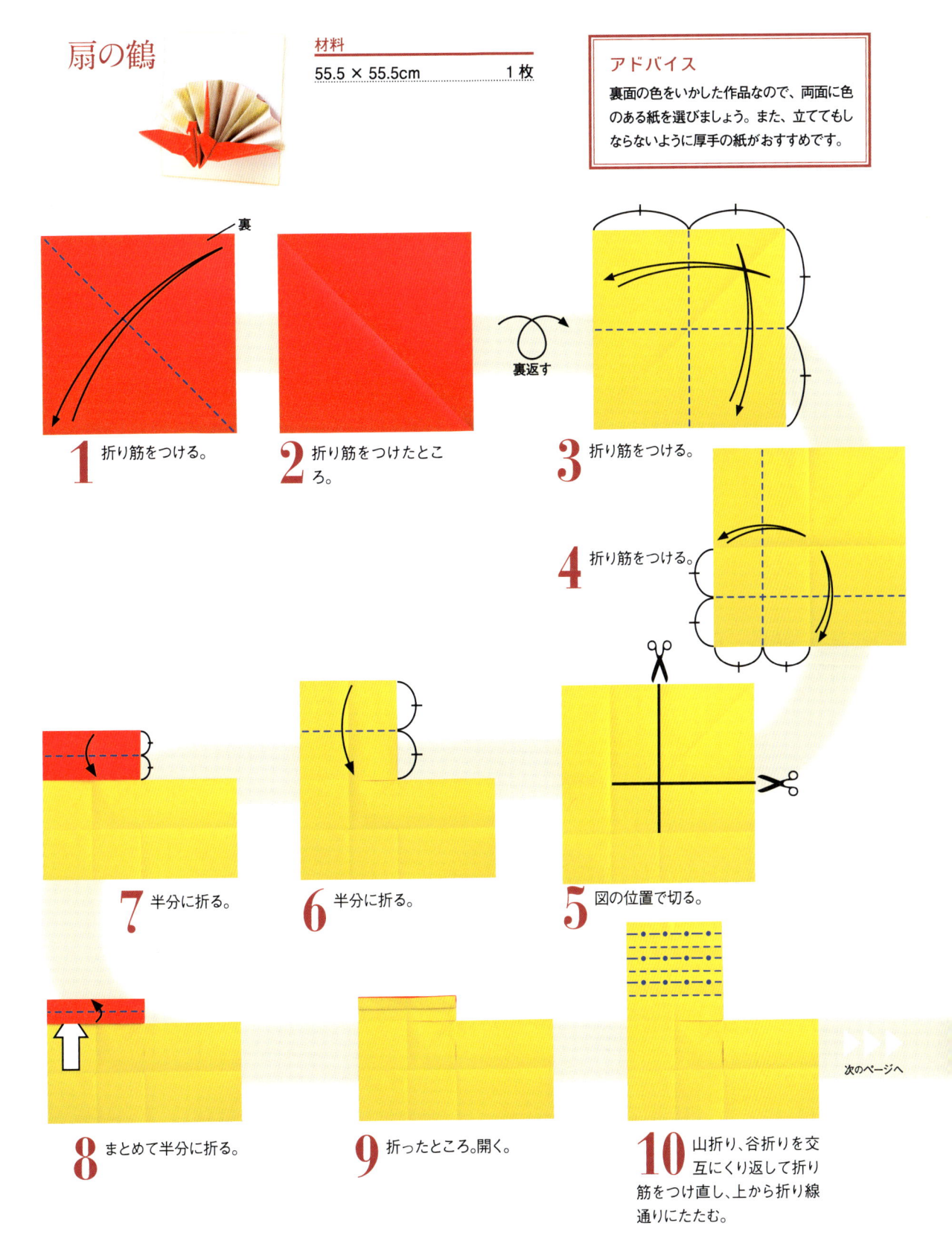

8 まとめて半分に折る。

9 折ったところ。開く。

10 山折り、谷折りを交互にくり返して折り筋をつけ直し、上から折り線通りにたたむ。

次のページへ

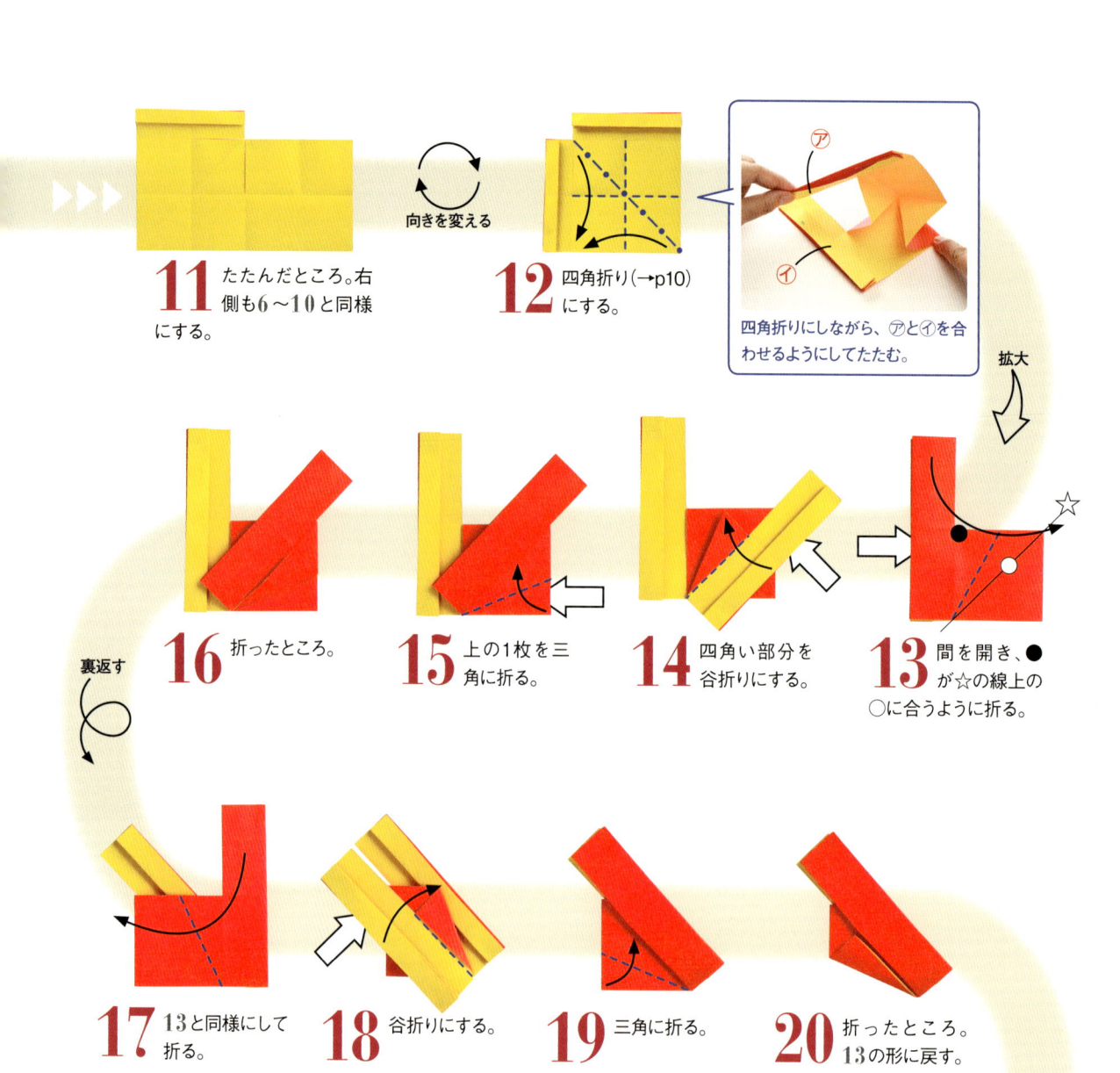

11 たたんだところ。右側も6〜10と同様にする。

向きを変える

12 四角折り(→p10)にする。

四角折りにしながら、㋐と㋑を合わせるようにしてたたむ。

拡大

13 間を開き、●が☆の線上の○に合うように折る。

14 四角い部分を谷折りにする。

15 上の1枚を三角に折る。

16 折ったところ。

裏返す

17 13と同様にして折る。

18 谷折りにする。

19 三角に折る。

20 折ったところ。13の形に戻す。

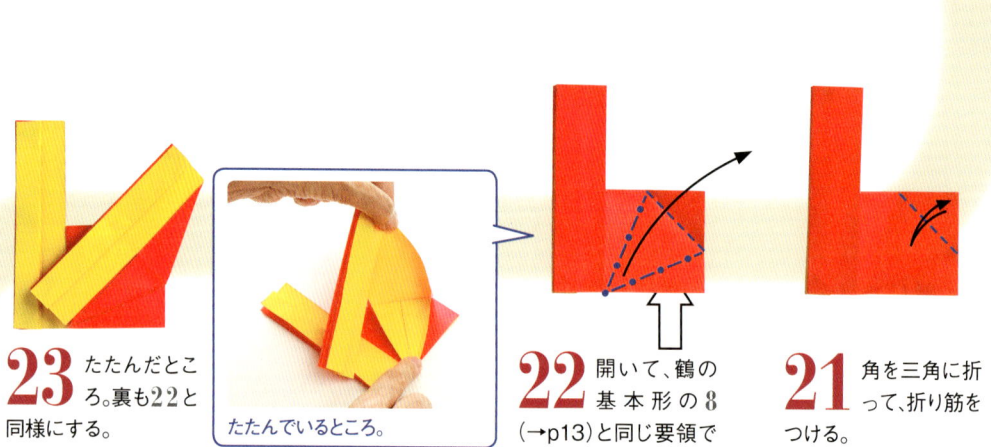

21 角を三角に折って、折り筋をつける。

22 開いて、鶴の基本形の8(→p13)と同じ要領でたたむ。

たたんでいるところ。

23 たたんだところ。裏も22と同様にする。

次のページへ

24 上の1枚を谷折りにする。

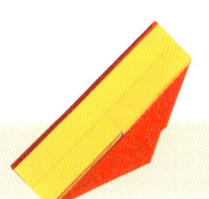

25 折ったところ。裏も同様にする。

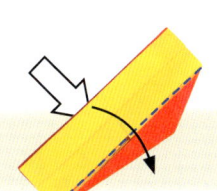

26 上の1組を谷折りにする。

27 裏も同様にする。

28 上の1枚を折る。裏も同様にする。

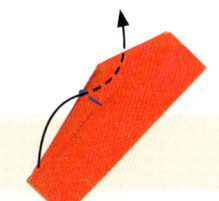

29 中割り折り（→p8）にする。

30 先端を中割り折りにして鶴の頭を作る。

31 間を開く。

開いているところ。

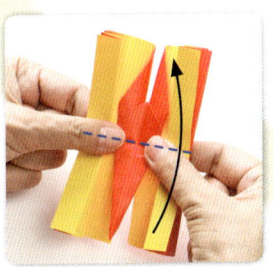

32 まとめて半分に折る。

33 縦半分に折ってウとエを合わせる。

34 半分に折ったところ。

35 ウとエの間を開き、のりづけする（ウとエを貼り合わせたものを、オとする）。

36 オの端にのりをつけ、尾の中に差し込んで貼る。

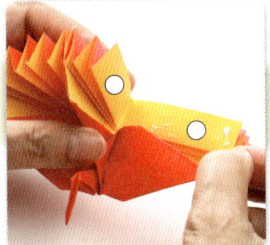

尾

37 ○と○を合わせてのりづけする。残り1カ所も同様にし、羽を広げる。

できあがり

節分

「鬼は外、福は内」と豆をまいて福を招き、悪い気を払います。
愛嬌のある親子の鬼と豆入れを飾り、気分を盛り立てましょう。

鬼

材料
鬼（大）：18 × 18cm　1枚
　（小）：12 × 12cm　1枚

> **アドバイス**
> 裏の色が表に多く出るので、紙を選ぶときは裏の色にもこだわって。ここでは青鬼をイメージして、表が銀で裏が青の紙を使い、裏の青を表にして折りました。

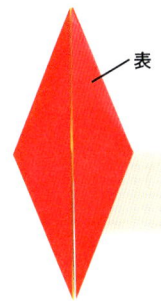

1 鶴の基本形（→p13）を折る。

2 上の1枚を、中心から左右に向けて切り、下半分を開く。裏も同様にする。

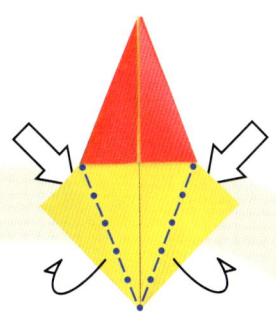

3 山折りにして間に入れる。

4 折ったところ。裏も3と同様にする。

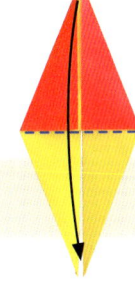

5 上の1枚を半分に折る。裏も同様にする。

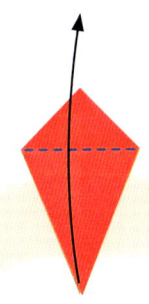

6 上の1枚を図の位置で谷折りにする。

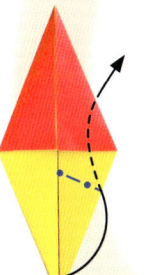

7 中割り折り（→p8）にする。左側も同様にする。

中割り折りにしているところ。

拡大

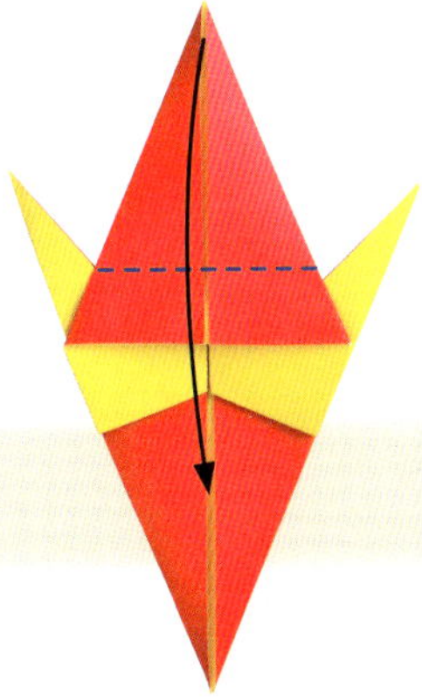

8 図の位置で谷折りにする。

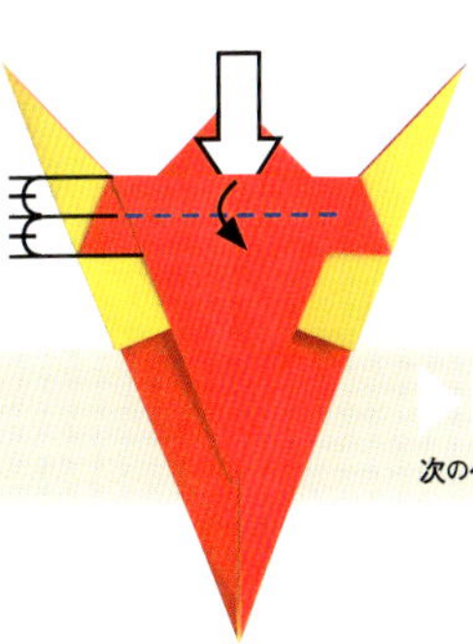

9 図の位置で半分に折って戻す。

次のページへ

91

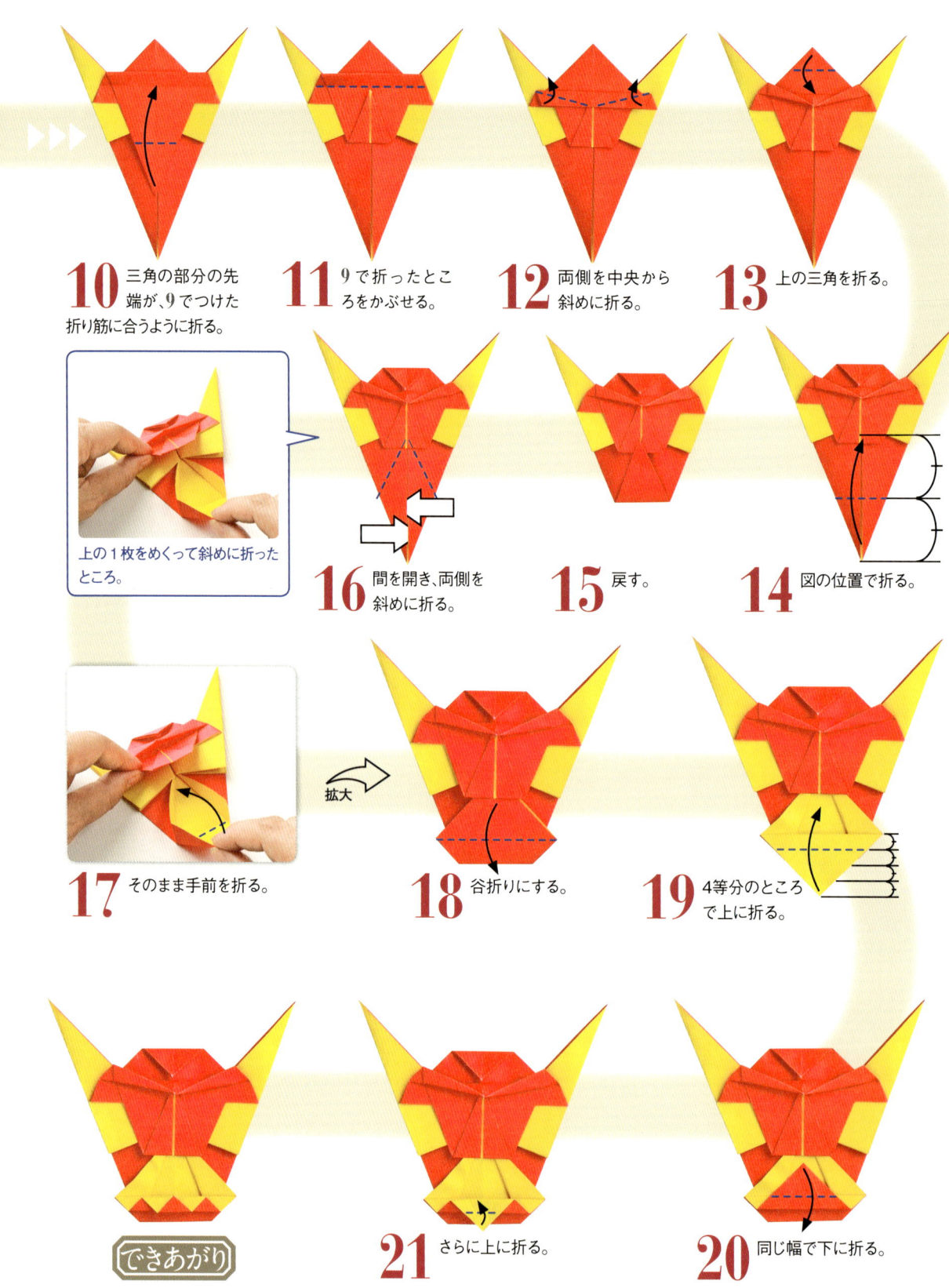

10 三角の部分の先端が、9でつけた折り筋に合うように折る。

11 9で折ったところをかぶせる。

12 両側を中央から斜めに折る。

13 上の三角を折る。

上の1枚をめくって斜めに折ったところ。

16 間を開き、両側を斜めに折る。

15 戻す。

14 図の位置で折る。

17 そのまま手前を折る。

拡大

18 谷折りにする。

19 4等分のところで上に折る。

できあがり

21 さらに上に折る。

20 同じ幅で下に折る。

92

豆入れ

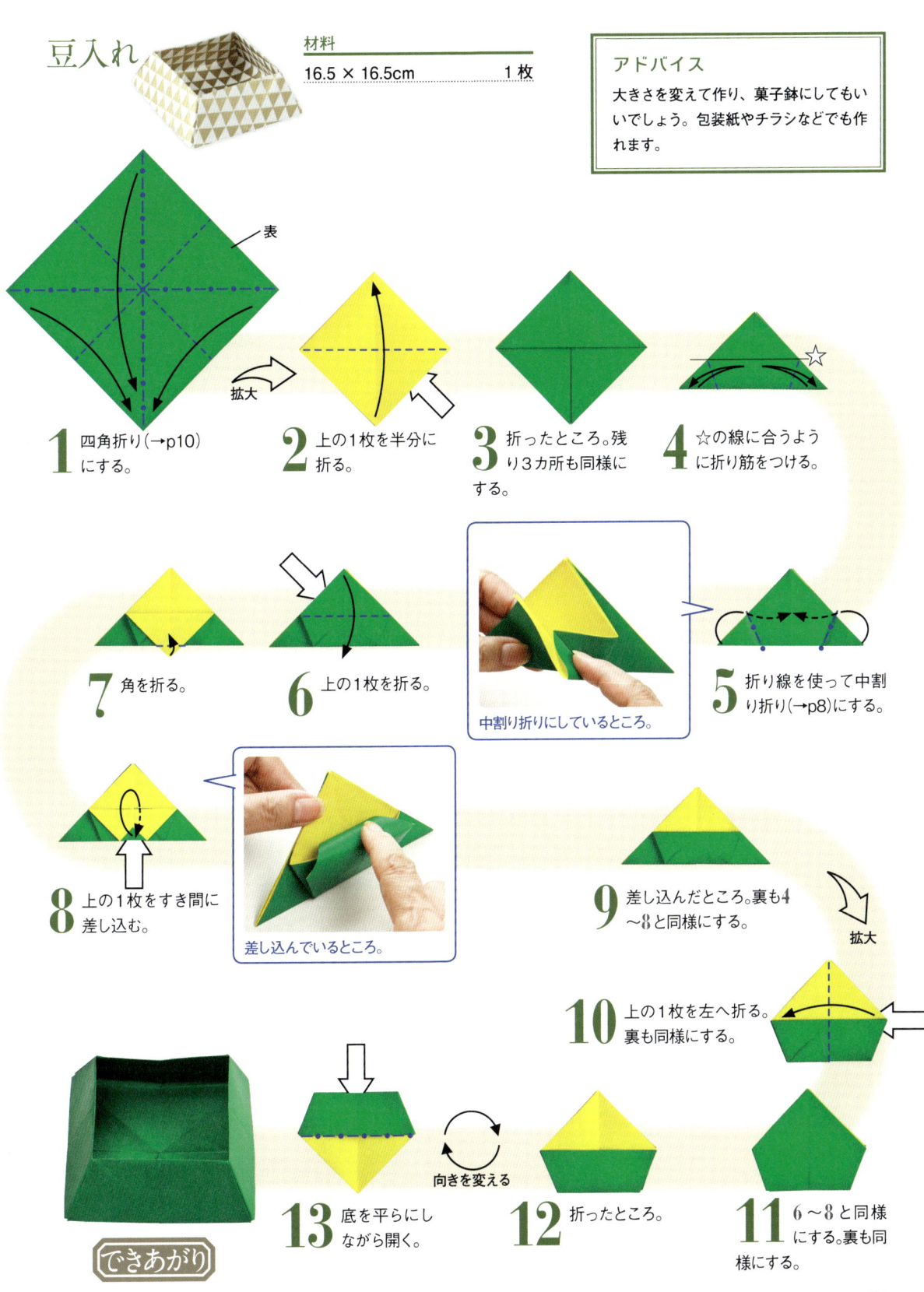

材料　16.5 × 16.5cm　1枚

アドバイス
大きさを変えて作り、菓子鉢にしてもいいでしょう。包装紙やチラシなどでも作れます。

1 四角折り(→p10)にする。

2 上の1枚を半分に折る。

3 折ったところ。残り3カ所も同様にする。

4 ☆の線に合うように折り筋をつける。

5 折り線を使って中割り折り(→p8)にする。

中割り折りにしているところ。

6 上の1枚を折る。

7 角を折る。

8 上の1枚をすき間に差し込む。

差し込んでいるところ。

9 差し込んだところ。裏も4〜8と同様にする。

10 上の1枚を左へ折る。裏も同様にする。

11 6〜8と同様にする。裏も同様にする。

12 折ったところ。

13 底を平らにしながら開く。

できあがり

93

ひなまつり

屏風を後ろに立てかけ、かわいらしい小さな畳に
男雛と女雛を並べれば、立派な雛飾りができあがります。

原案　冨田登志江

男雛

材料 19 × 19cm　1枚

アドバイス
美しい友禅の柄の和紙は、明るめの色を選ぶと、優雅でありながらも快活な雰囲気に。渋めの色を選ぶと、重厚感のある仕上がりになります。

1 花の基本形(→p12)を折る。

2 開く。向きを変える

3 半分に折る。

4 半分に折る。

5 折り筋に沿って半分より長めに切り込みを入れる。2の形に戻す。拡大

6 上の1枚を左に折る。裏も同様にする。

7 上の1枚を半分に折る。

8 中央に合わせて左右を折る。

9 上の1枚を下に戻す。

10 上の1枚を左に折る。

11 右の2枚を切り込みから斜めに折って、★が☆の線につくようにする。

次のページへ

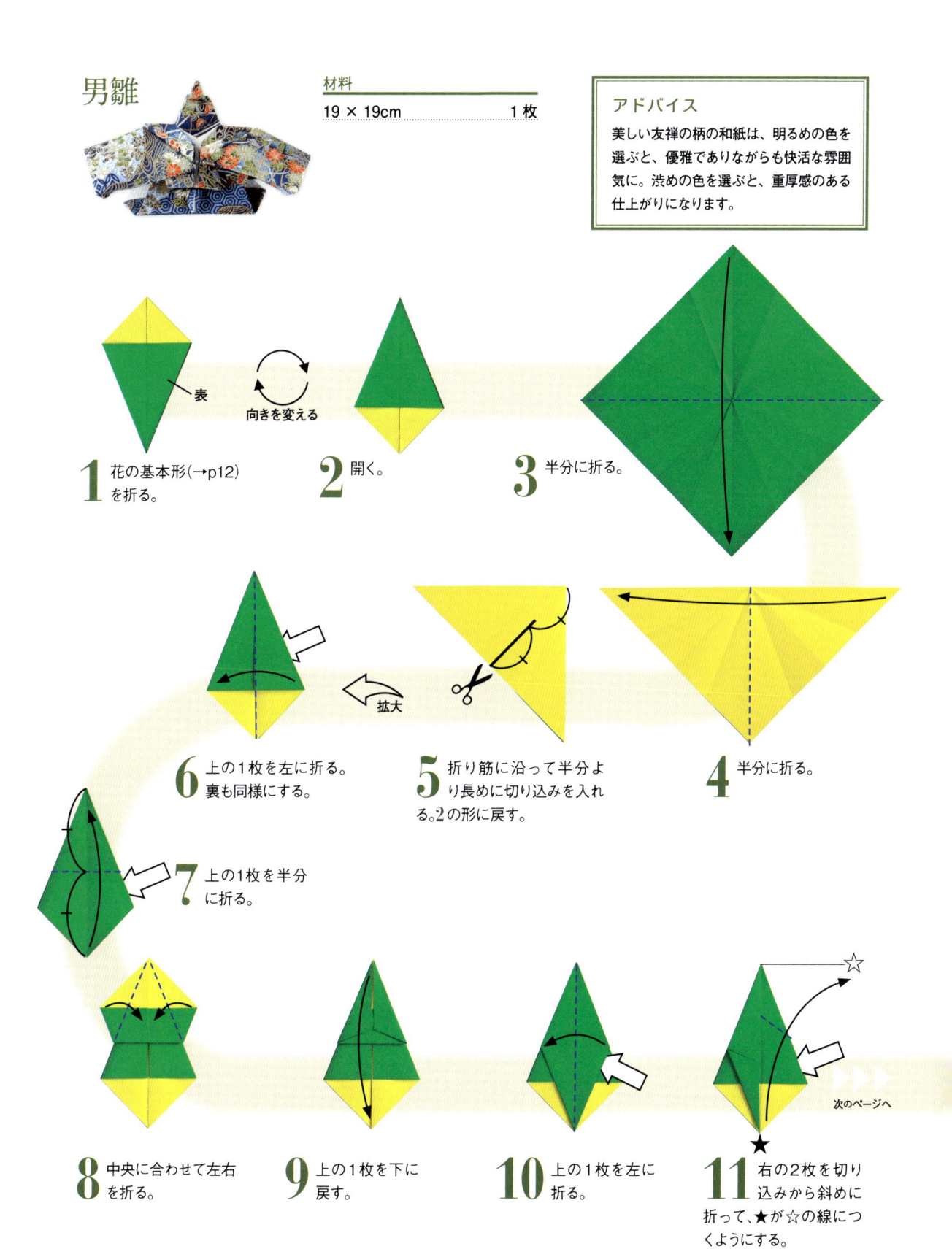

12 折ったところ。戻す。

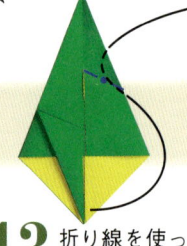

13 折り線を使って中割り折り(→p8)にする。

14 左の2枚を右に折る。

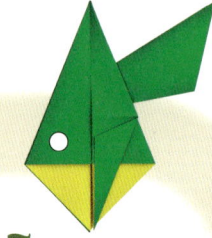

15 ○部分も11〜13と同様にする。

18 上の1組のみ、図の位置に切り込みを入れる。17で折った部分を下に戻して縦半分に折ってから切ると切りやすい。

切り込み

17 ●が○につくように谷折りにする。
※⑦は19の説明をするときに使うので、ここでは関係ありません。

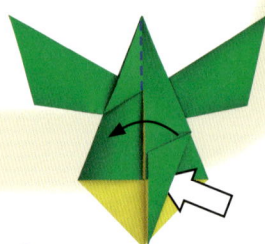

16 上の1枚を左に折る。

切り込みを入れているところ。

切り込み

19 後ろ側にある17の⑦の部分を、切り込みに差し込む。

20 差し込んだところ。

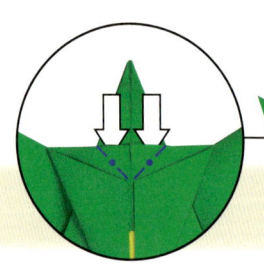

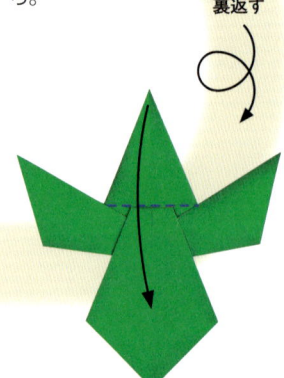

裏返す

22 上の1枚を三角に山折りにして内側に折り込む。

21 折り線に合わせて谷折りにする。

次のページへ

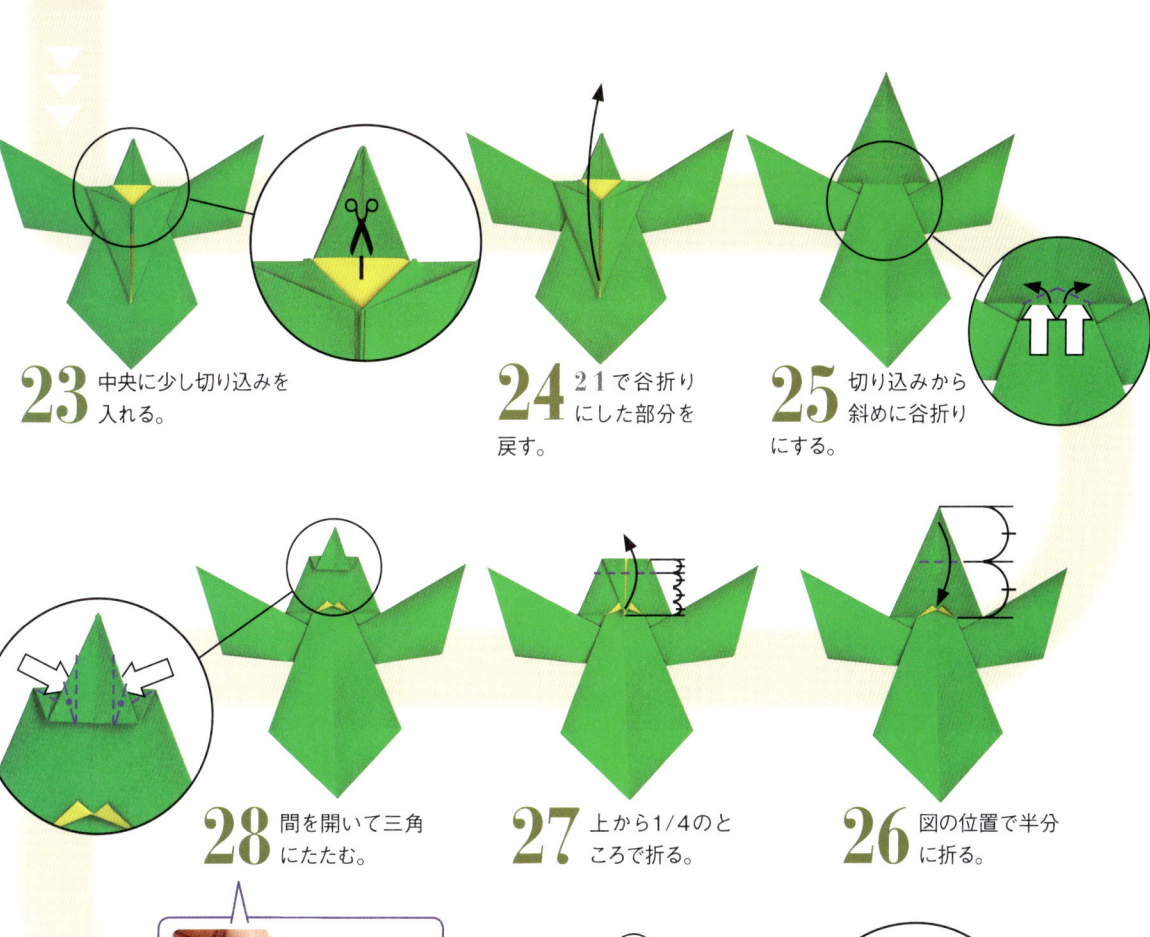

23 中央に少し切り込みを入れる。

24 21で谷折りにした部分を戻す。

25 切り込みから斜めに谷折りにする。

28 間を開いて三角にたたむ。

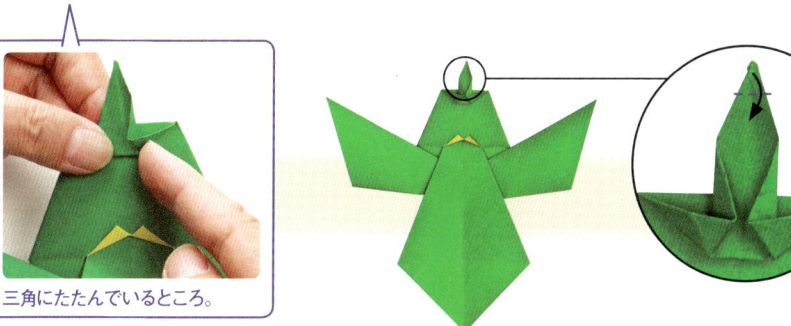

三角にたたんでいるところ。

27 上から1/4のところで折る。

26 図の位置で半分に折る。

29 先端を少し谷折りにする。

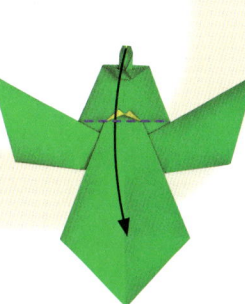

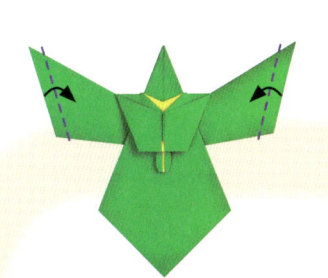

32 左右を1cmほど折る。

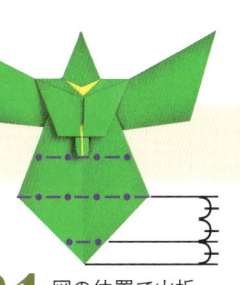

31 図の位置で山折りにして、折り筋をつける。

30 まとめて谷折りにする。

次のページへ

97

33 折ったところ。戻す。

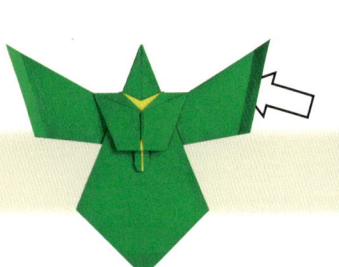

34 間を開き、まず後ろの1枚を折り線通りに折る。

35 角を三角に折る。

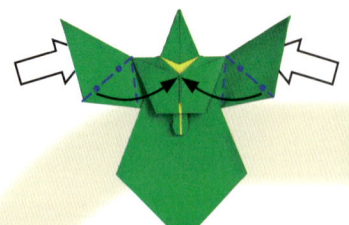

38 左右が中央で少し重なるようにたたむ。

37 袖の内側を折ったところ。★と☆を合わせる。左側も34～37と同様にする。

36 折り線を使って、谷折りにする。

袖の間を開き、中央に持ってきてたたむ。

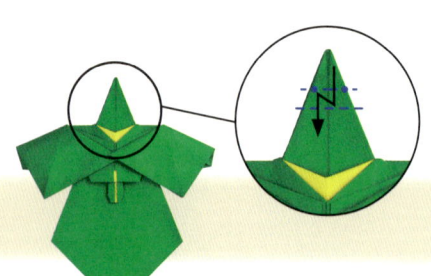

39 図の位置で段折り(→p8)にする。

40 袖と頭のできあがり。

裏返す

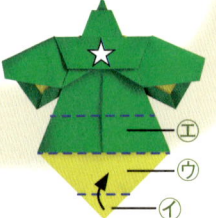

できあがり

裏返す

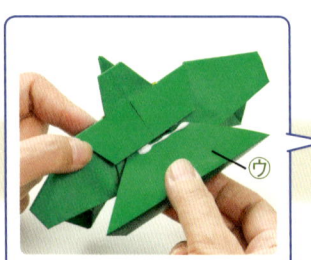

差し込んで、のりづけしているところ。

41 31の折り線を使ってⒾを谷折りにしてから、ⓌとⒺを谷折りにする。Ⓘの折った部分を☆の下に差し込み、のりづけする。

女雛

材料
19 × 19cm　　　1枚

アドバイス
男雛と女雛の着物の柄を合わせると、統一感が出ます。紙を選ぶときは、色違いでそろっているものがおすすめです。

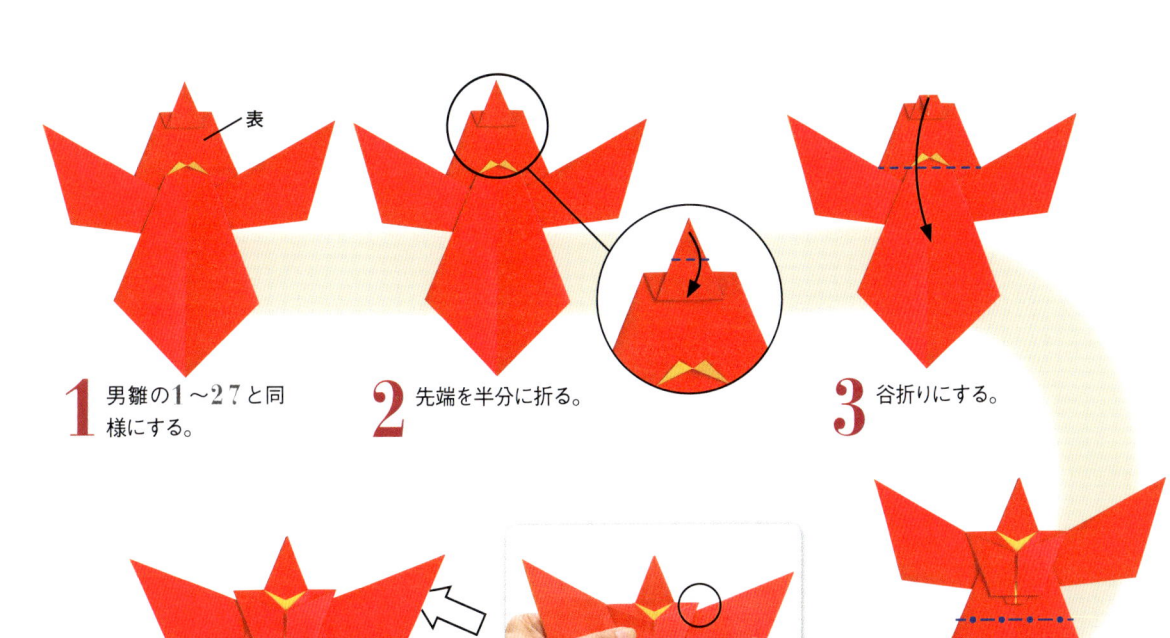

1 男雛の1～27と同様にする。

2 先端を半分に折る。

3 谷折りにする。

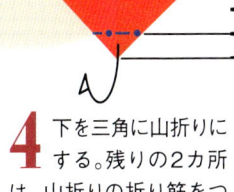

4 下を三角に山折りにする。残りの2カ所は、山折りの折り筋をつける。

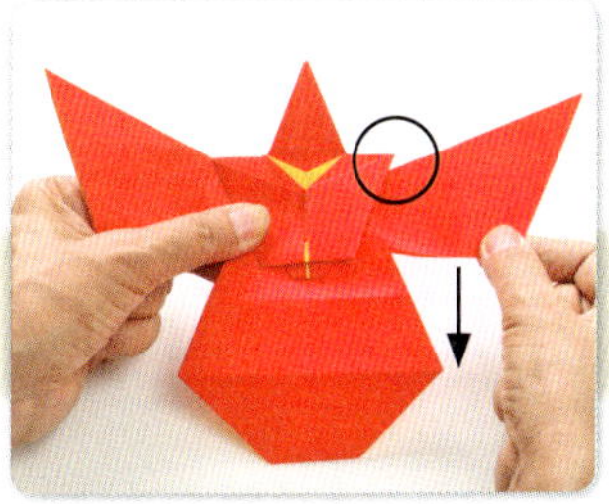

5 袖を下げて、○の部分に空きを作る。左側も同様にする。

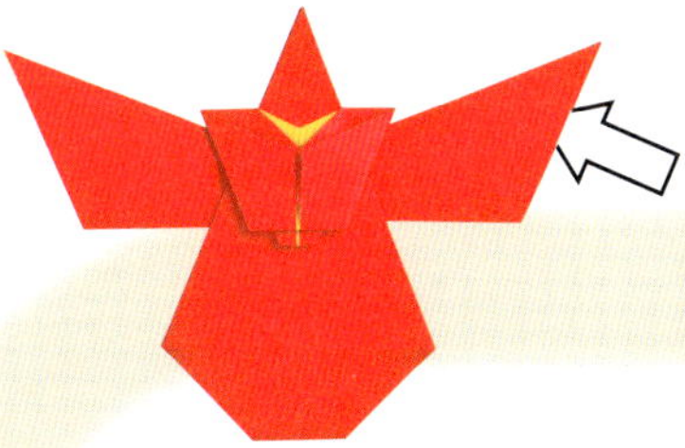

6 左右の袖を下げたところ。袖の間を開く。

7 袖の後ろ側の上の1枚を谷折りにする。

8 図の部分を1cmほど折る。

9 角を三角に折る。

次のページへ

10 図の部分を1cmほど折る。

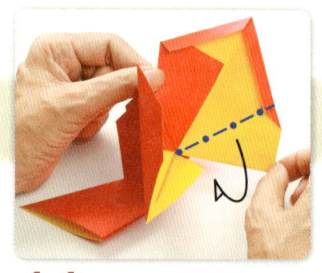

11 図の位置で山折りにする。

12 袖の内側を折ったところ。★と☆を合わせる。左側も6〜12と同様にする。

袖の間を開き、中央に持ってきてたたむ。

14 左右が中央で少し重なるようにたたむ。男雛の40の図よりも少し下の位置になるようにする。

裏返す

13 後ろ側から見たところ。

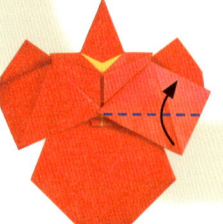

15 図の位置で谷折りにする。

16 さらに半分に谷折りにする。

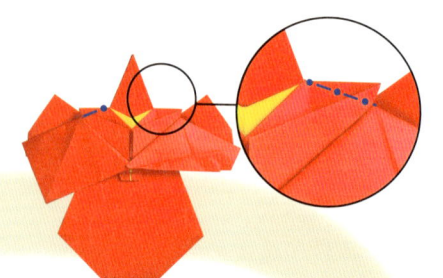

17 左側も15〜16と同様にする。両肩を少し斜めに山折りにし、のりづけする。

できあがり
※袖を重ねるときは左手が上になるようにする。

裏返す

19 ○部分を☆の下に差し込んでから、男雛の41と同様にする。

裏返す

18 頭を半分くらい山折りにする。

端午の節句

たくましく成長することを願う、男の子の節句です。
初めて戦に出る男の子を模した初陣人形を飾って祝いましょう。

初陣人形

材料
かぶと：15 × 15cm　1枚
陣羽織：15 × 15cm　1枚
よろい：15 × 15cm　1枚

> **アドバイス**
> よろいの質感が表現できるよう、裏が黒くて光沢のある紙がおすすめ。かぶと、陣羽織、よろいを同じ紙で折ると統一感が出ます。

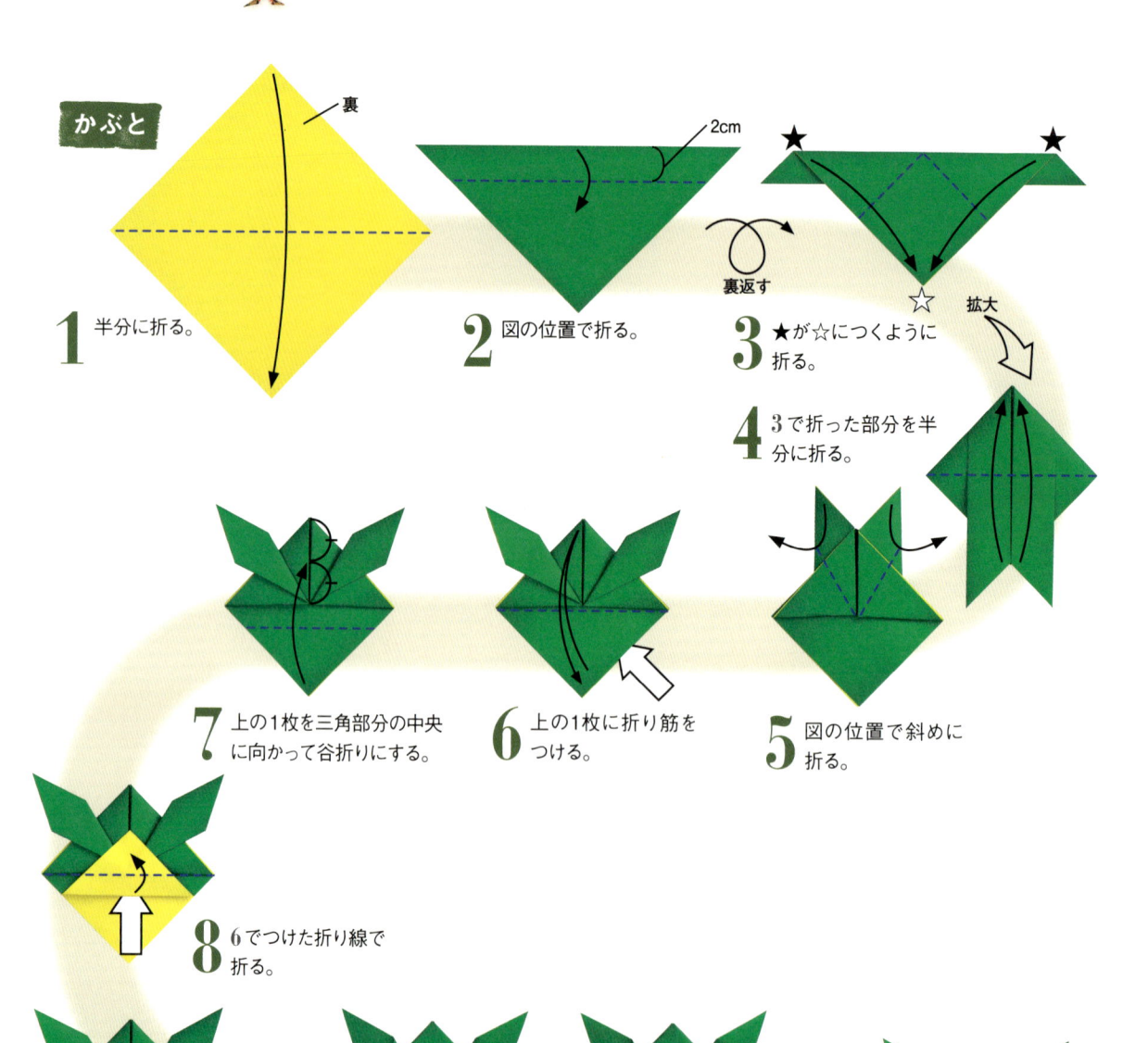

かぶと

1 半分に折る。

2 図の位置で折る。

3 ★が☆につくように折る。

4 3で折った部分を半分に折る。

5 図の位置で斜めに折る。

6 上の1枚に折り筋をつける。

7 上の1枚を三角部分の中央に向かって谷折りにする。

8 6でつけた折り線で折る。

9 折ったところ。

10 角を少し三角に折る。

11 段折り（→p8）にする。

できあがり

陣羽織

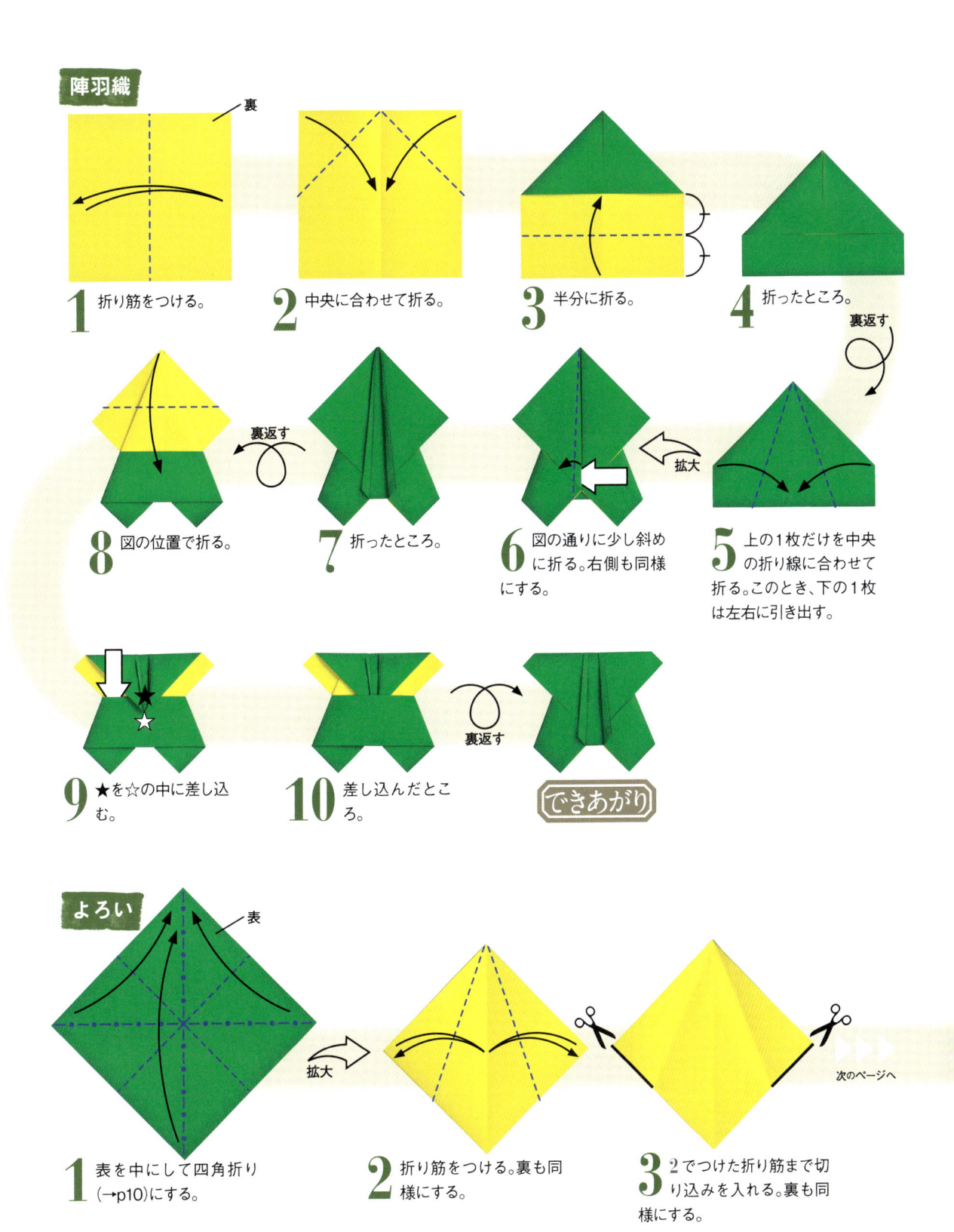

1. 折り筋をつける。
2. 中央に合わせて折る。
3. 半分に折る。
4. 折ったところ。 裏返す
5. 上の1枚だけを中央の折り線に合わせて折る。このとき、下の1枚は左右に引き出す。
6. 図の通りに少し斜めに折る。右側も同様にする。 拡大
7. 折ったところ。 裏返す
8. 図の位置で折る。
9. ★を☆の中に差し込む。
10. 差し込んだところ。 裏返す

できあがり

よろい

1. 表を中にして四角折り（→p10）にする。
2. 折り筋をつける。裏も同様にする。 拡大
3. 2でつけた折り筋まで切り込みを入れる。裏も同様にする。

次のページへ

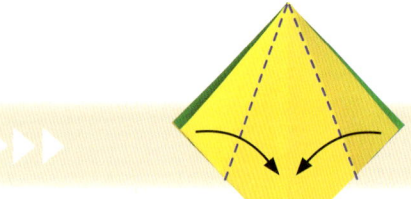

4 上の1枚を2でつけた折り線通りに折る。

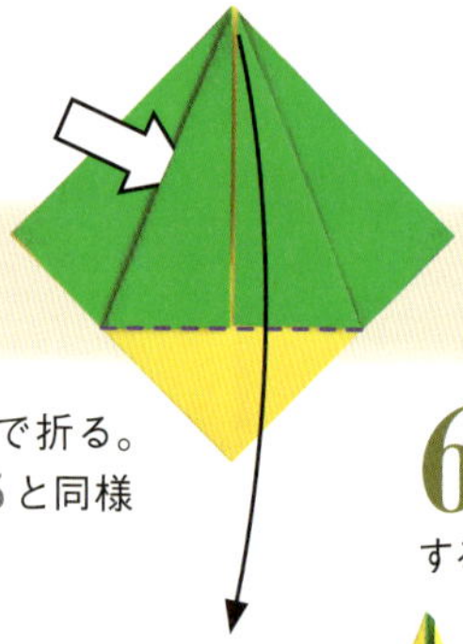

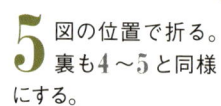

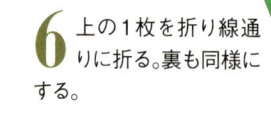

5 図の位置で折る。裏も4～5と同様にする。

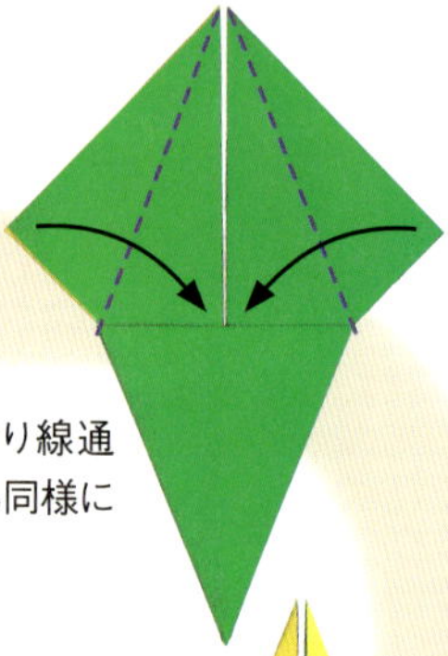

6 上の1枚を折り線通りに折る。裏も同様にする。

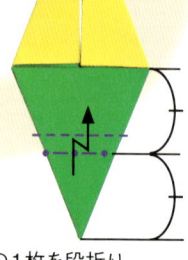

10 上の1枚を折る。

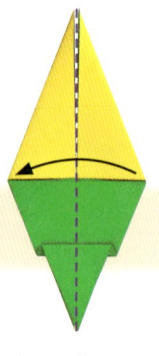

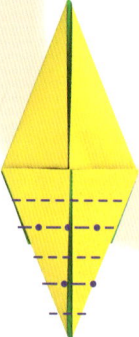

9 上の1枚を左へ折る。裏も同様にする。

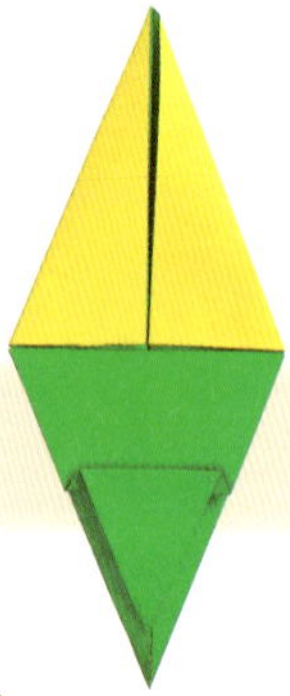

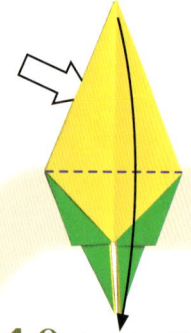

8 段折りにしたところ。裏も7と同様にする。

7 上の1枚を段折り(→p8)にする。

11 上の1枚を、谷折りと山折りを交互にくり返し、折り筋をつける。

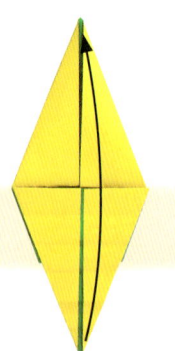

12 上の1枚を戻す。

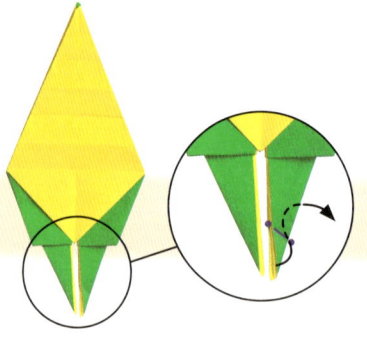

13 足の先端を中割り折り(→p8)にする。

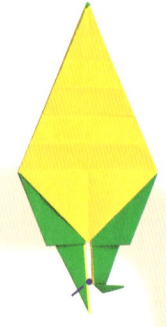

14 左側も同様にする。

組み合わせ方

1 陣羽織をはさむようによろいを差し入れ、のりづけする。かぶとをバランスよくのせ、のりづけする。

できあがり

できあがり

104

七夕

彦星と織姫が年に一度出会うという伝説があるこの日。
七夕にまつわる飾りや願いごとを書いた短冊を飾りましょう。

着物（織姫）

材料
18 × 18cm　　1枚

アドバイス
模様に上下がある紙のときは、折りはじめる前に向きを確かめ、模様が逆にならないように気をつけましょう。

1 縦半分に折り筋をつけ、その折り線に合わせて折る。

2 折ったところ。

3 上の1枚だけを中央の折り線に合わせて折る。このとき、下の1枚は左右に引き出す。

4 折り筋をつける。

5 上の1枚だけを、折り筋をつけたところで切る。

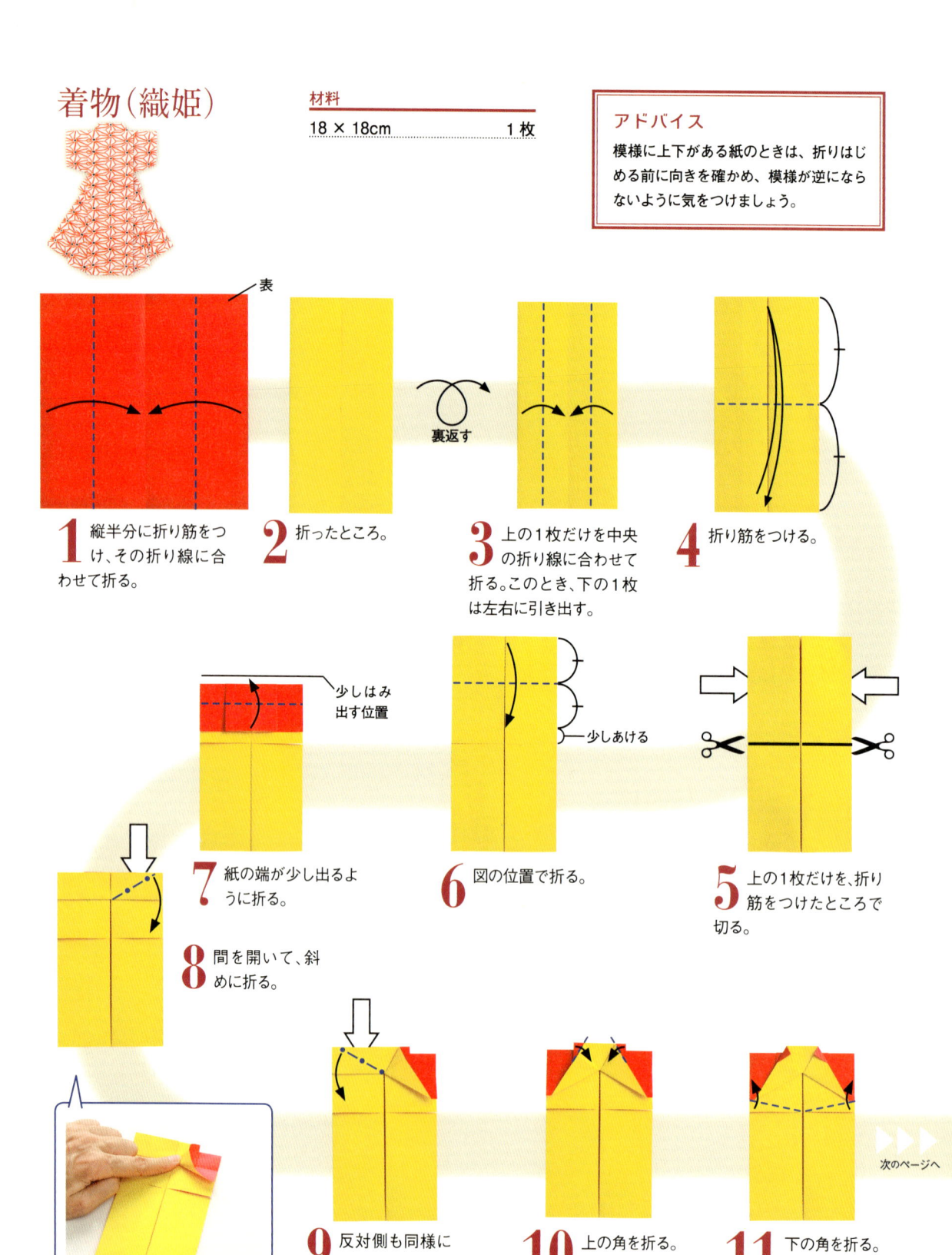

6 図の位置で折る。

7 紙の端が少し出るように折る。

8 間を開いて、斜めに折る。

開いているところ。

9 反対側も同様にする。

10 上の角を折る。

11 下の角を折る。

次のページへ

12 中心を押さえながら、上の紙を斜めに引き出して折る。

13 ☆が中央に合うように折る。

14 上の1枚を●と○が合うように斜めに折る。 2〜3mm

15 折ったところ。反対側も12〜14と同様にする。

16 図の位置に切り込みを入れ、下の部分を折る。

17 折ったところ。

裏返す

できあがり

着物（彦星）

材料
18 × 18cm　　　　1枚

アドバイス
選ぶ紙の柄によって、浴衣になったり晴れ着になったりします。作りたい作品に合わせて紙を選びましょう。

1 着物（織姫）の1〜11と同様にする。

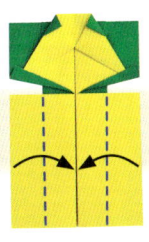

2 中央に合わせて折る。

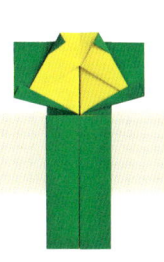

3 折ったところ。

表

裏返す

できあがり

107

牛

材料
22 × 22cm　　　1枚

アドバイス
干支が牛の年に飾りとして作るのもいいでしょう。間を開くと立つので、玄関先などに飾ることができます。

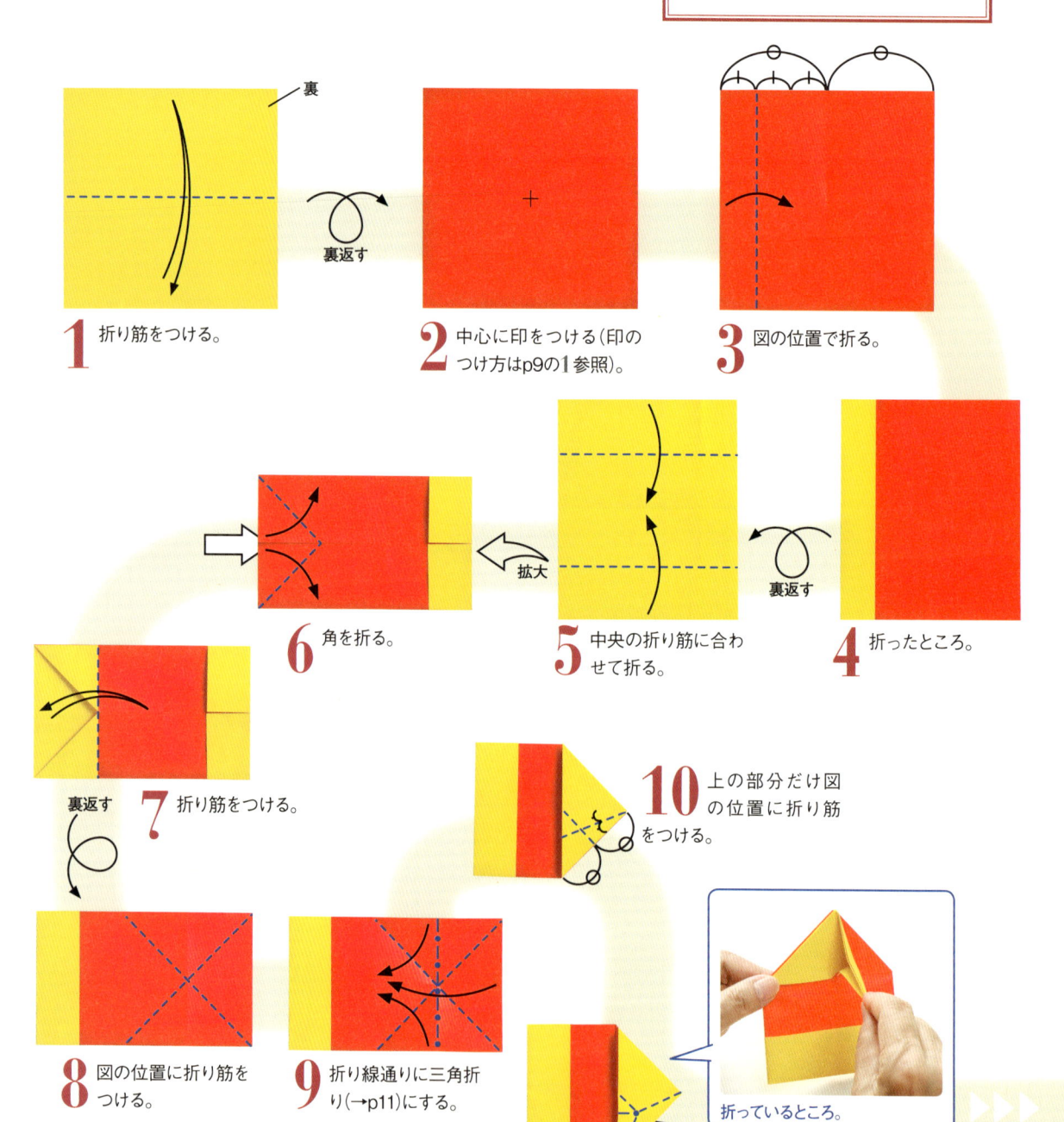

1 折り筋をつける。

2 中心に印をつける（印のつけ方はp9の1参照）。

3 図の位置で折る。

4 折ったところ。

5 中央の折り筋に合わせて折る。

6 角を折る。

7 折り筋をつける。

8 図の位置に折り筋をつける。

9 折り線通りに三角折り（→p11）にする。

10 上の部分だけ図の位置に折り筋をつける。

折っているところ。

11 折り線を使い、★をつまむようにして、図の通りに折る。

次のページへ

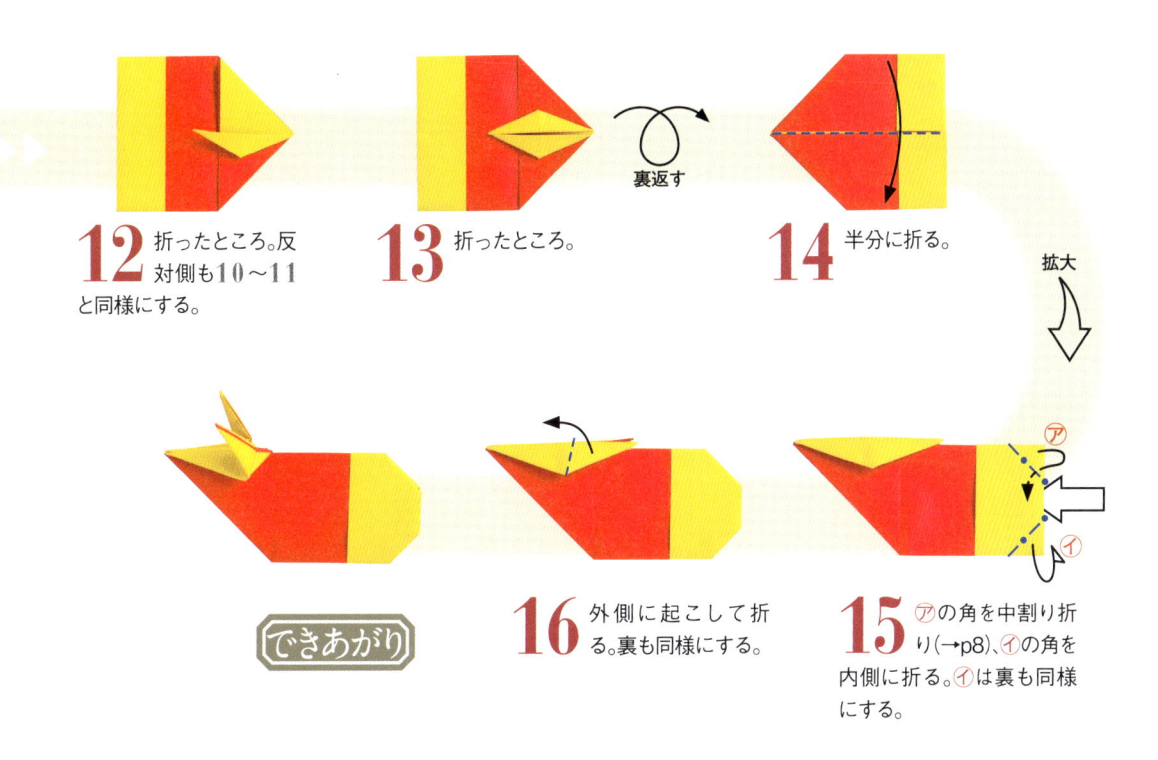

12 折ったところ。反対側も10〜11と同様にする。

13 折ったところ。

裏返す

14 半分に折る。

拡大

15 ㋐の角を中割り折り(→p8)、㋑の角を内側に折る。㋑は裏も同様にする。

16 外側に起こして折る。裏も同様にする。

できあがり

星飾り

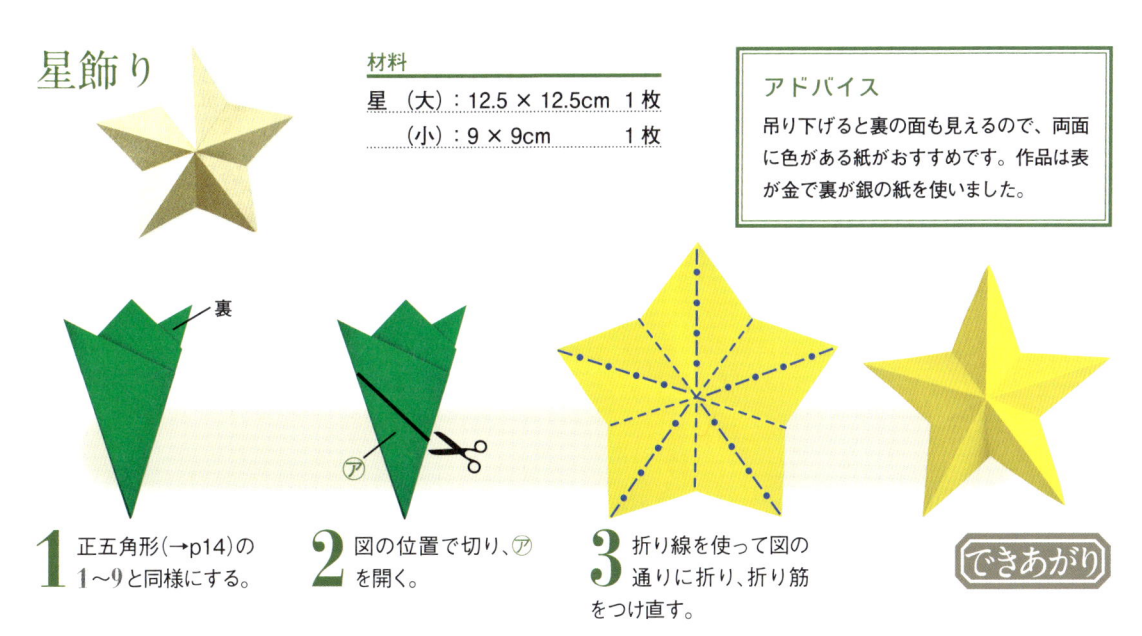

材料
星（大）：12.5 × 12.5cm　1枚
　（小）：9 × 9cm　　　1枚

アドバイス
吊り下げると裏の面も見えるので、両面に色がある紙がおすすめです。作品は表が金で裏が銀の紙を使いました。

1 正五角形(→p14)の1〜9と同様にする。

裏

2 図の位置で切り、㋐を開く。

3 折り線を使って図の通りに折り、折り筋をつけ直す。

できあがり

鶴の七夕飾り

材料
12×12cm　　　3枚

アドバイス
貼り合わせる鶴の数は、4つにしてもいいでしょう。仕上がりの形が四角形になり、また違った雰囲気になります。

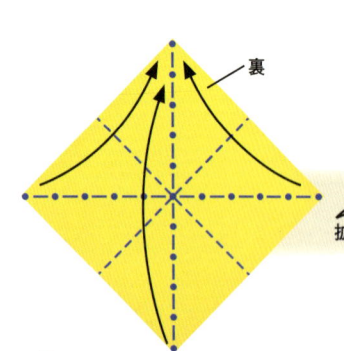

1 四角折り(→p10)にする。

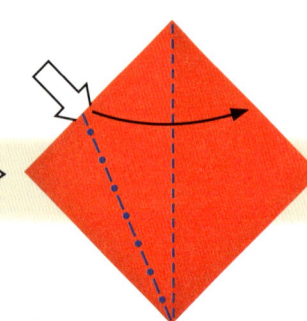

2 折り筋をつけ、間を開いてたたむ。

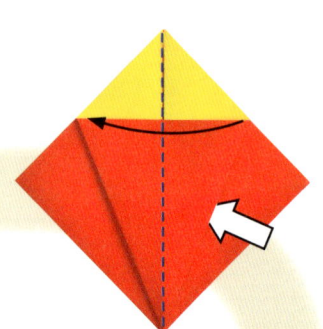

3 上の1枚を左に折る。

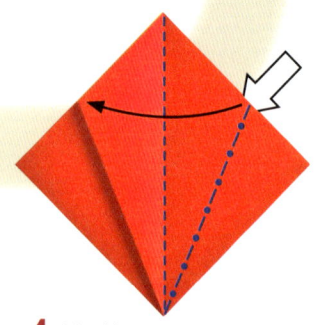

4 折り筋をつけ、間を開いてたたむ。

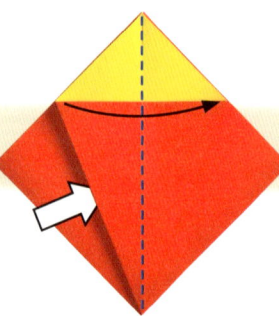

5 上の1枚を右に折る。

6 折ったところ。

裏返す

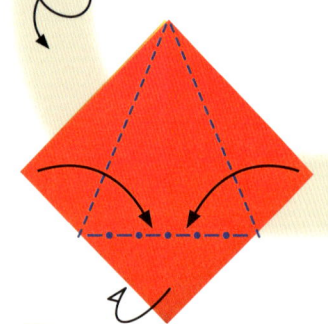

7 図の位置で折る。

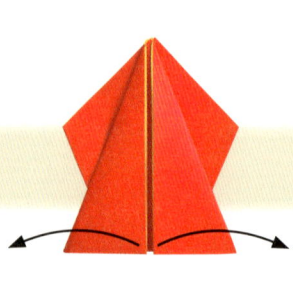

8 開く。

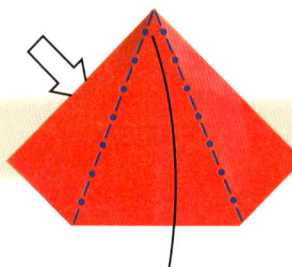

9 間を開いて折り筋通りにたたむ。

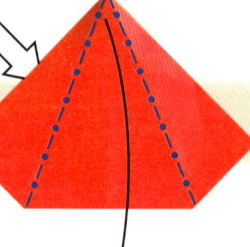

次のページへ

110

10 ☆の線に合うように斜めに折り、図の部分だけに折り筋をつける。

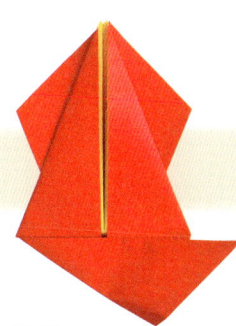

11 折り筋をつけているところ。戻して右側も同様にする。

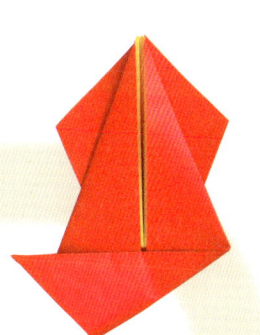

12 折り筋をつけているところ。戻す。

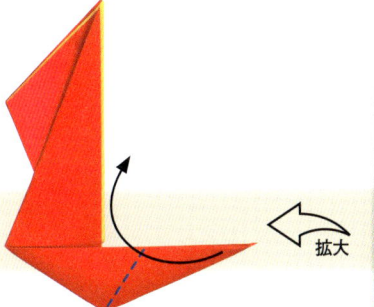

15 折ったところ。戻す。

14 かぶせ折りにした三角部分を斜めに折る。

拡大

13 10〜12でつけた谷折り線を使って、かぶせ折り（→p8)にする。

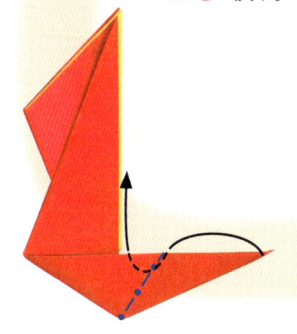

16 折り線を使って、中割り折り（→p8)にする。

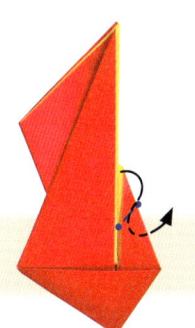

17 さらに先端を中割り折りにして頭を作る。

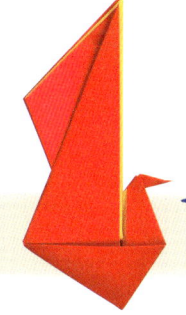

18 中割り折りにしたところ。羽を広げる。

羽の裏側の下、○部分を少し押し下げると羽が広がる。

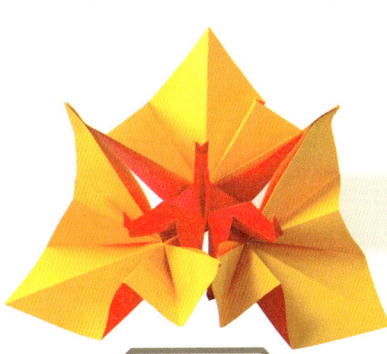

できあがり

20 羽の先同士を合わせて、のりづけする。

※わかりやすいように、合わせる鶴の色を変えています。

19 鶴のできあがり。同じものを計3つ作る。

111

お月見

満月を愛でる風流な行事です。月にいるといわれるうさぎと、月見だんごを盛る三方を折り、秋の夜を楽しみましょう。

原案(三方) 冨田登志江

うさぎ

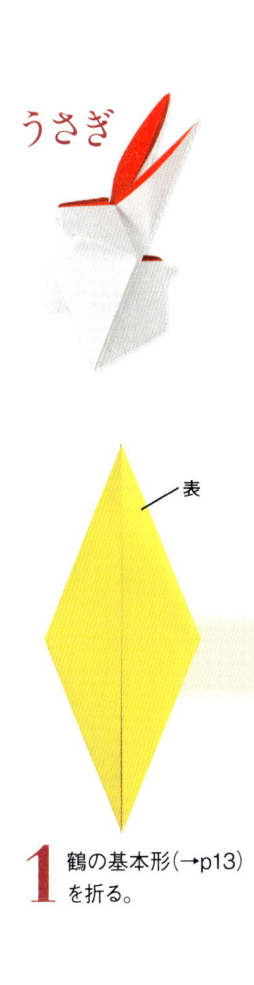

材料
うさぎ（大）：33 × 33cm　1枚
　　　（小）：22 × 22cm　1枚

> **アドバイス**
> 飾るときは耳の間を広げて立体的にしましょう。中の山折り部分を平らにする方法もあり、こちらのほうがボリュームのある耳になります。

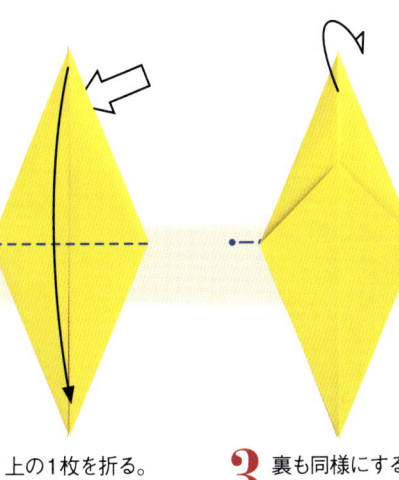

1 鶴の基本形（→p13）を折る。

2 上の1枚を折る。

3 裏も同様にする。

4 図の通りに、1/3のところで巻き折り（→p8）にする。

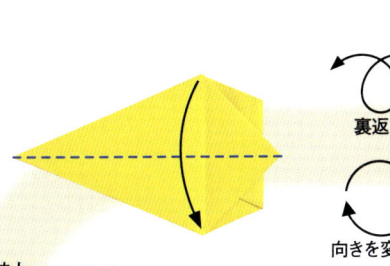

5 図の位置で折る。

6 折ったところ。

7 半分に谷折りにする。

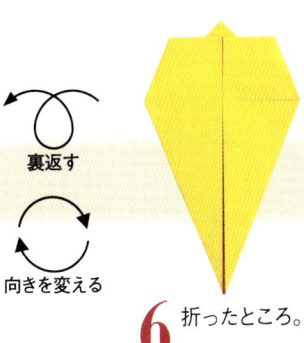

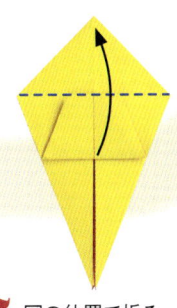

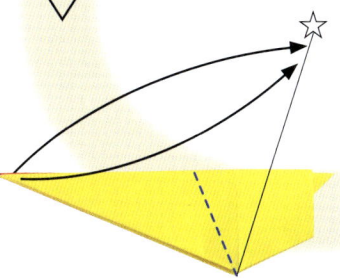

拡大

8 上の1枚を☆の線に合うように折る。裏の1枚も同様にする。

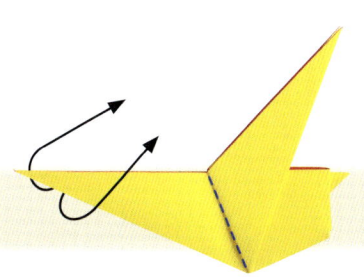

9 残りの1枚をかぶせ折り（→p8）にする。

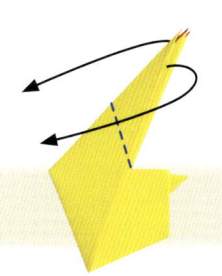

10 上の1枚をかぶせ折りにする。これが顔になる。

次のページへ

113

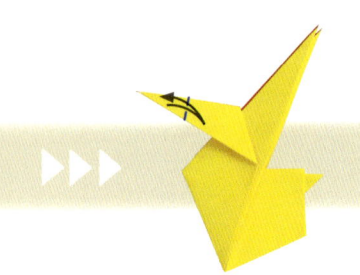

11 先端に折り筋をつける。

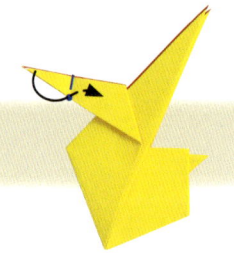

12 内側に折り込む。

できあがり

三方

材料

三方（大）
　角盆：12.5 × 12.5cm　　1枚
　台：17 × 17cm　　1枚
三方（小）
　角盆：10 × 10cm　　1枚
　台：13.5 × 13.5cm　　1枚

アドバイス
三方は、雛道具のひとつでもあります。雛人形を飾るときに利用するのもいいでしょう。

角盆

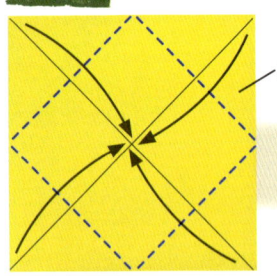

1 三角の折り筋をつけたざぶとん折り（→p9 アドバイス）にする。

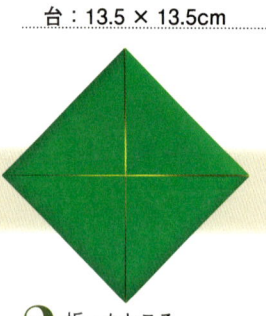

2 折ったところ。

裏返す

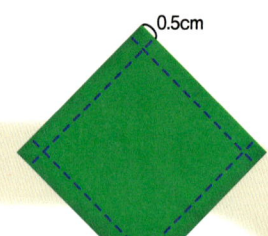

3 0.5cm幅で折り筋をつける。

4 折り筋をつけたところ。

裏返す

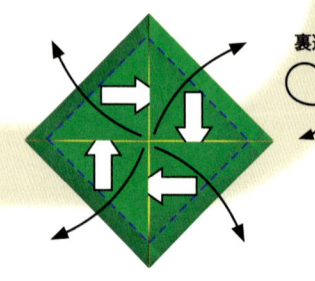

5 折り線通りに谷折りにする。

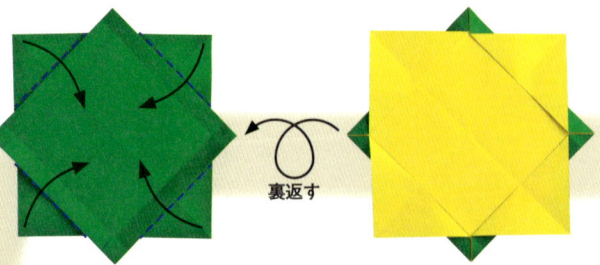

6 折ったところ。

裏返す

7 図の位置で折る。

次のページへ

114

8 3でつけた折り線を使って、縁を立ち上げる。

立ち上げているところ。

できあがり

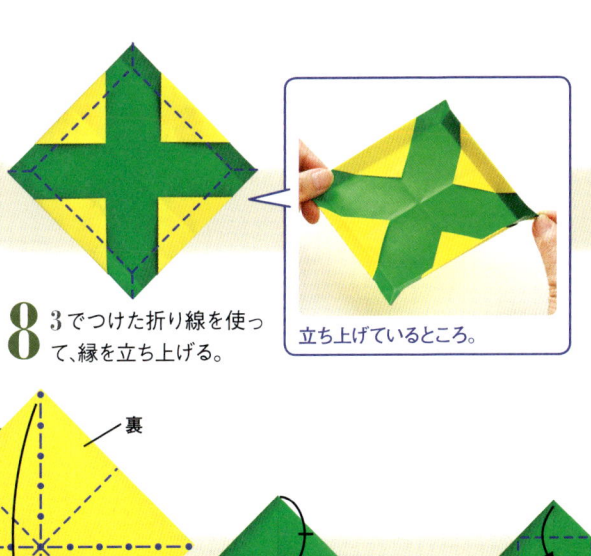

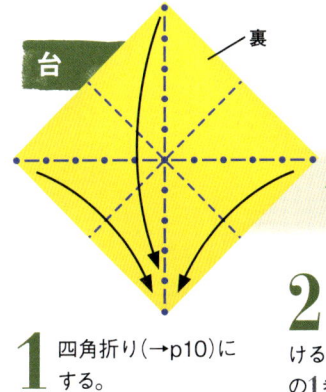

台

裏

1 四角折り(→p10)にする。

2 上の1枚のみ半分のところに印をつける(印のつけ方はp9の1参照)。

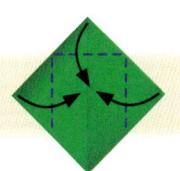

3 2でつけた印に合わせて上の1枚を折る。

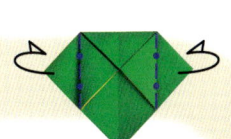

4 左右を山折りにして、開く。

8 ★と☆をつけているところ。図の位置で谷折りにする。

7 図の通りに折り筋をつけ直し、★と☆がつくようにして折る。

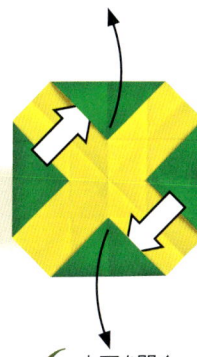

6 上下を開く。

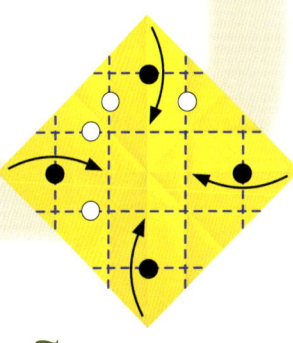

5 ○の線は谷折り線をつけ直す。●の線は図の位置で折る。

9 反対側も7〜8と同様にする。

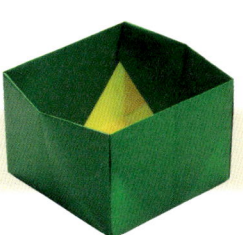

10 箱にしたところ。底を上にする。

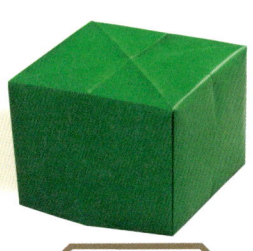

できあがり

組み合わせ方

台に角盆をのせて、のりづけする。

できあがり

115

クリスマス

プレゼントを背負ったサンタさん、真っ赤なブーツ、
雪が積もったツリーで、楽しいクリスマスを演出しましょう。

クリスマスツリー

材料
28 × 28cm　　　1枚

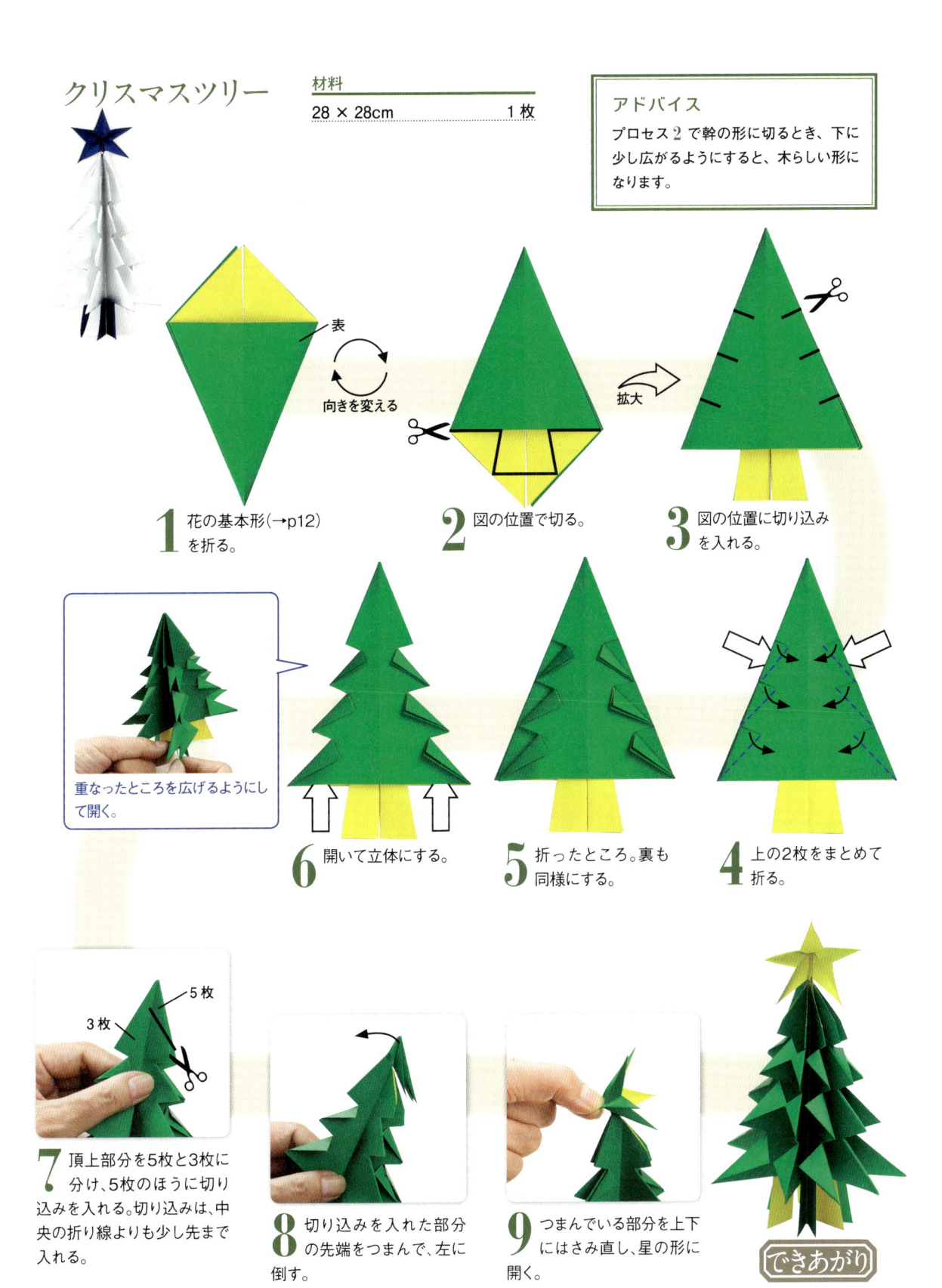

アドバイス
プロセス2で幹の形に切るとき、下に少し広がるようにすると、木らしい形になります。

1 花の基本形(→p12)を折る。

2 図の位置で切る。

3 図の位置に切り込みを入れる。

4 上の2枚をまとめて折る。

5 折ったところ。裏も同様にする。

6 開いて立体にする。

重なったところを広げるようにして開く。

7 頂上部分を5枚と3枚に分け、5枚のほうに切り込みを入れる。切り込みは、中央の折り線よりも少し先まで入れる。

8 切り込みを入れた部分の先端をつまんで、左に倒す。

9 つまんでいる部分を上下にはさみ直し、星の形に開く。

できあがり

サンタクロース

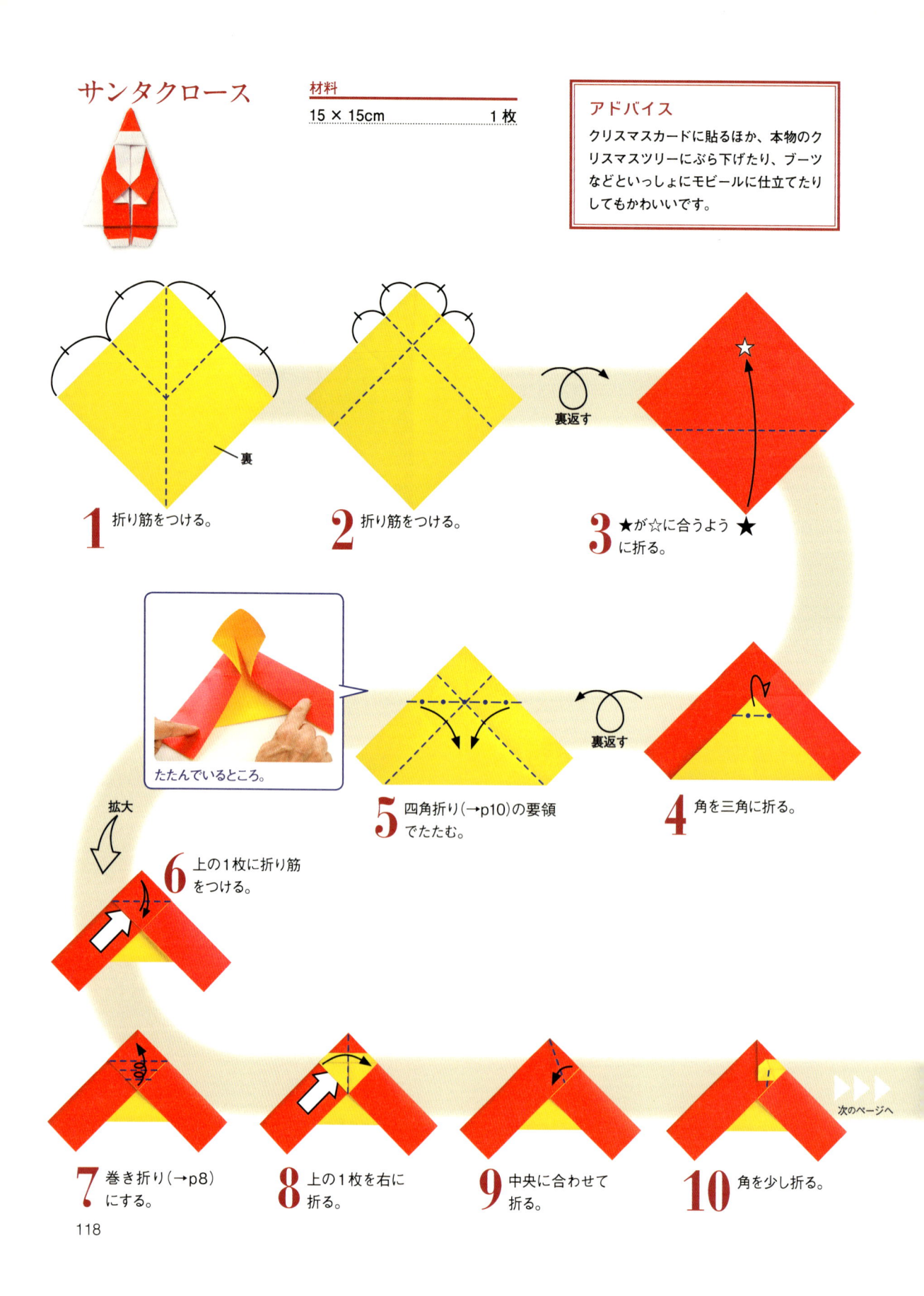

材料
15×15cm　　　1枚

アドバイス
クリスマスカードに貼るほか、本物のクリスマスツリーにぶら下げたり、ブーツなどといっしょにモビールに仕立てたりしてもかわいいです。

1 折り筋をつける。

2 折り筋をつける。

3 ★が☆に合うように折る。

4 角を三角に折る。

5 四角折り(→p10)の要領でたたむ。

たたんでいるところ。
拡大

6 上の1枚に折り筋をつける。

7 巻き折り(→p8)にする。

8 上の1枚を右に折る。

9 中央に合わせて折る。

10 角を少し折る。

次のページへ

118

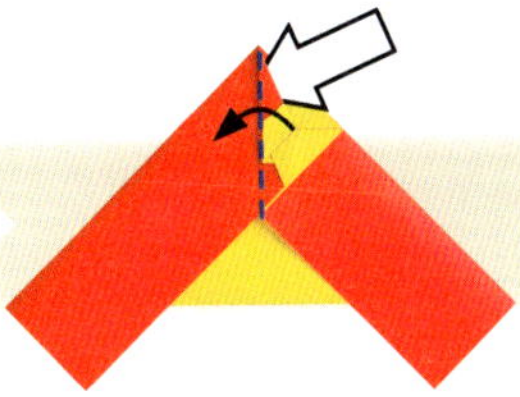

11 上の1枚を左へ折る。

12 折ったところ。右側も8〜11と同様にする。

13 折り筋をつける。

14 中割り折り(→p8)にする。

15 中割り折りにしたところ。右側も13〜14と同様にする。

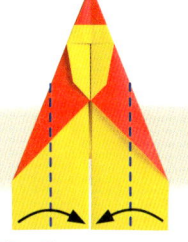

16 上の1枚を中央に合わせて折る。

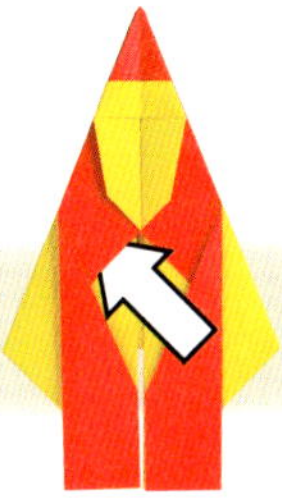

17 間を開いて、たたむ。右側も同様にする。

たたんでいるところ。

18 たたんだところ。

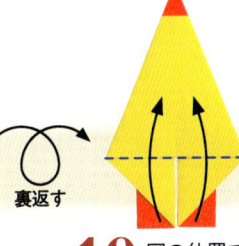

19 図の位置で折る。

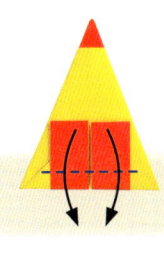

20 図の位置で折り下げる。

21 ★を☆の中に差し込む。

差し込んでいるところ。

22 差し込んだところ。

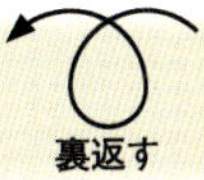

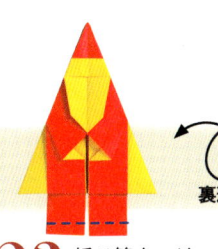

23 折り筋をつける。

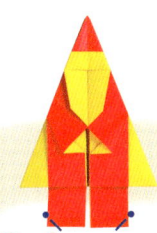

24 23でつけた折り筋に合わせて角を山折りにし、折り筋をつける。

次のページへ

25 間を開き、折り線通りに折る。

26 図の位置で山折りにする。

27 下を山折りにする。

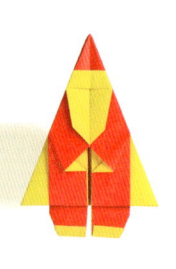

できあがり

ブーツ

材料
15×15cm　　1枚

アドバイス
オブジェとして飾るほか、クリスマスカードに貼るのもおすすめです。

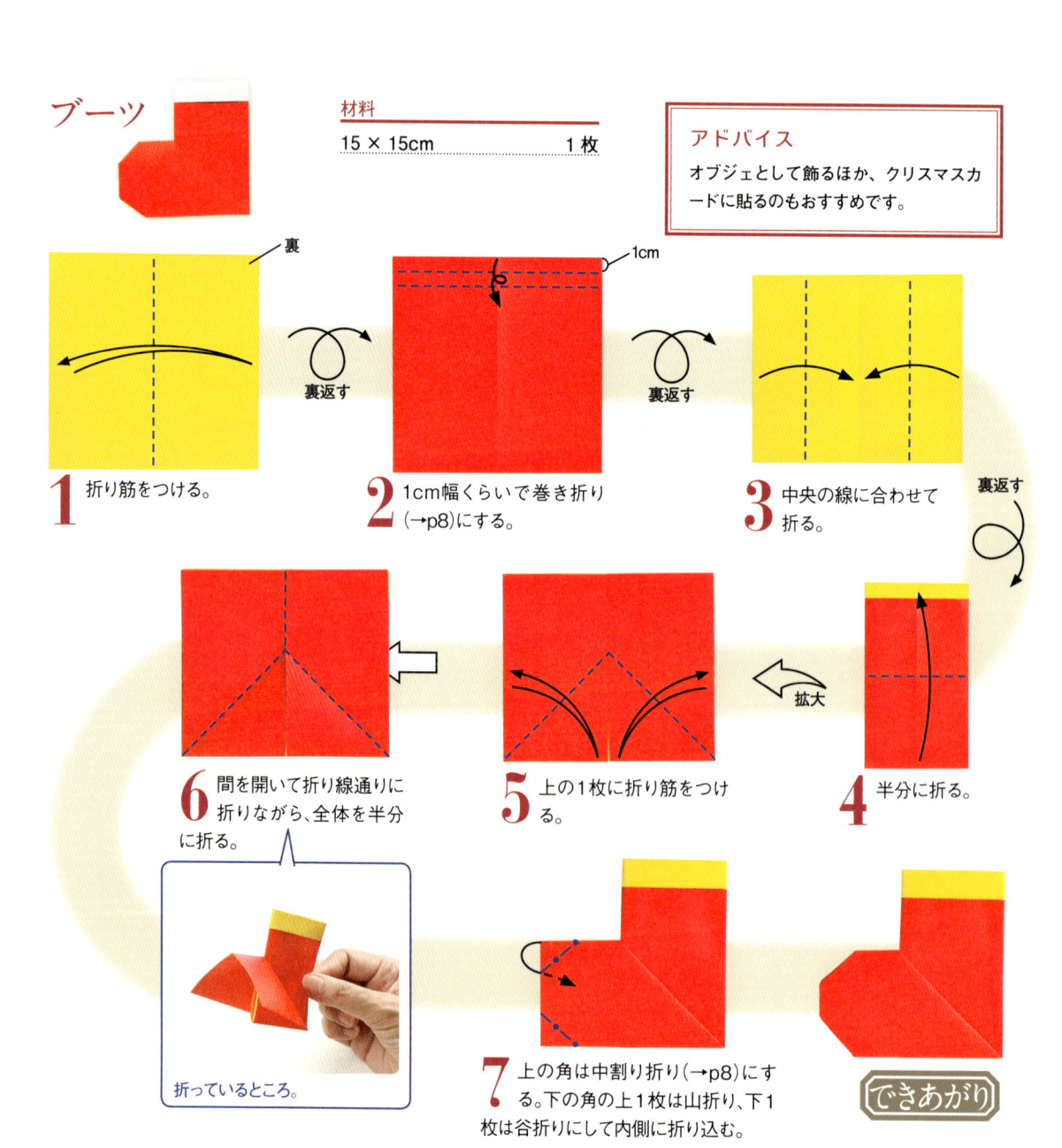

1 折り筋をつける。

裏返す

2 1cm幅くらいで巻き折り(→p8)にする。

裏返す

3 中央の線に合わせて折る。

裏返す

4 半分に折る。

5 上の1枚に折り筋をつける。

拡大

6 間を開いて折り線通りに折りながら、全体を半分に折る。

折っているところ。

7 上の角は中割り折り(→p8)にする。下の角の上1枚は山折り、下1枚は谷折りにして内側に折り込む。

できあがり

120

Chapter 3
生活に役立つ折り紙

袋や箱など、実用性のある雑貨をそろえました。
暮らしの中に折り紙を取り入れ、素敵な毎日を送りましょう。

ぽち袋

心づけやお年玉、お金を返すときなどに役立つぽち袋。
少しのアレンジを施すだけで、バラエティ豊かな仕上がりに。

ぽち袋
（細ストレートラインタイプ）

材料
20 × 18cm　　　1枚
※ここでは裏に色のついた紙を貼っています。紙を貼るときは、20×6.5cmの紙も用意しましょう。

アドバイス
裏が白い紙を使う場合、色のついた紙を裏に貼るのもおすすめです。おしゃれでモダンな仕上がりになります。

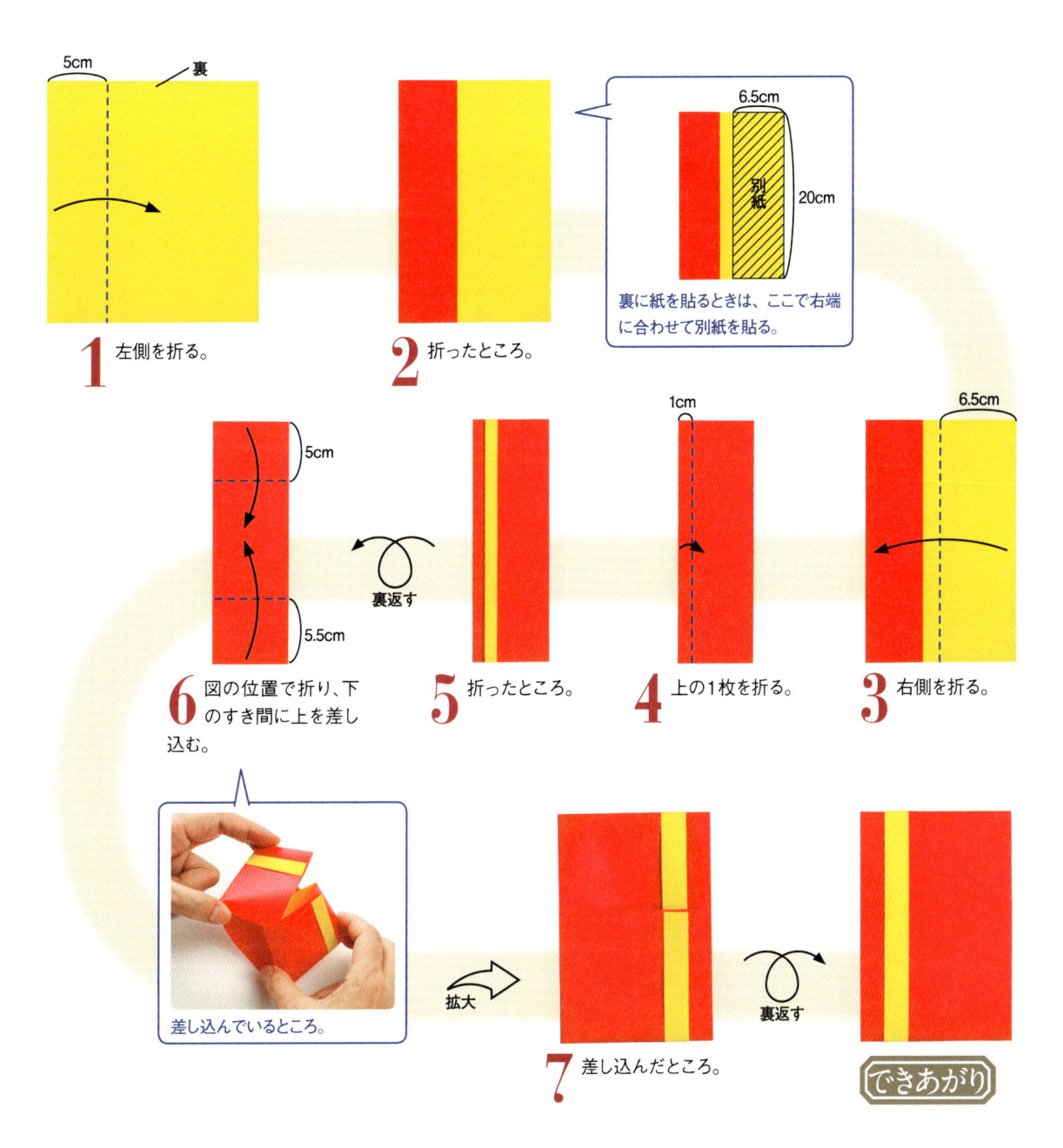

1 左側を折る。

2 折ったところ。

裏に紙を貼るときは、ここで右端に合わせて別紙を貼る。

3 右側を折る。

4 上の1枚を折る。

5 折ったところ。

6 図の位置で折り、下のすき間に上を差し込む。

差し込んでいるところ。

7 差し込んだところ。

できあがり

ぽち袋（太ストレートラインタイプ）

材料
20 × 18cm　　1枚

※ここでは裏に色のついた紙を貼っています。紙を貼るときは、20×6.5cmの紙も用意しましょう。

アドバイス
ストレートラインタイプは折りかえしの幅によって仕上がりの雰囲気が変わるので、いろいろ試してみましょう。

1 ぽち袋（細ストレートラインタイプ）の1〜3と同様にする。

2 上の1枚を半分に折る。

3 折ったところ。

4 図の位置で折り、下のすき間に上を差し込む。

5cm
5.5cm
拡大

裏返す

できあがり

5 差し込んだところ。

ぽち袋（斜めラインタイプ）

材料
20 × 18cm　　1枚

※ぽち袋の細・太ストレートラインタイプ（→p123〜124）のように裏に紙を貼るときは、20×6.5cmの紙も用意しましょう。

アドバイス
水引きをゆるく片結びにして貼ると、アクセントがついて素敵です。

表

1 ぽち袋（細ストレートラインタイプ）の1〜3と同様にする。

裏返す

2 折り筋をつける。

5.5cm

裏返す

★ ☆

3 上の1枚を、★と☆が合うように折る。

4 折ったところ。

裏返す

5cm

5 図の位置で折る。

▶▶▶ 次のページへ

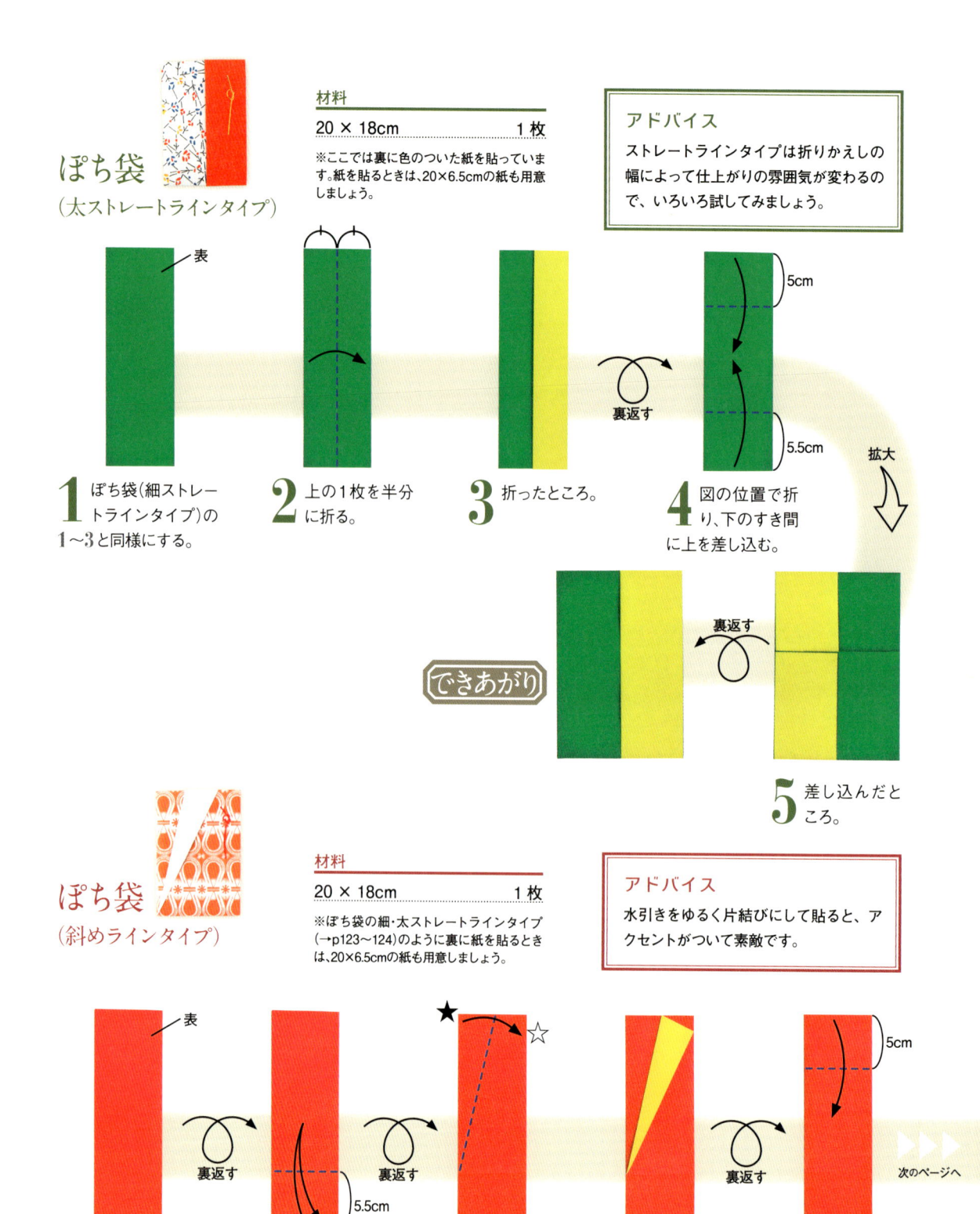

6 2でつけた折り線通りに下を折り、下のすき間に上を差し込む。

差し込んでいるところ。

拡大

7 差し込んだところ。

裏返す

できあがり

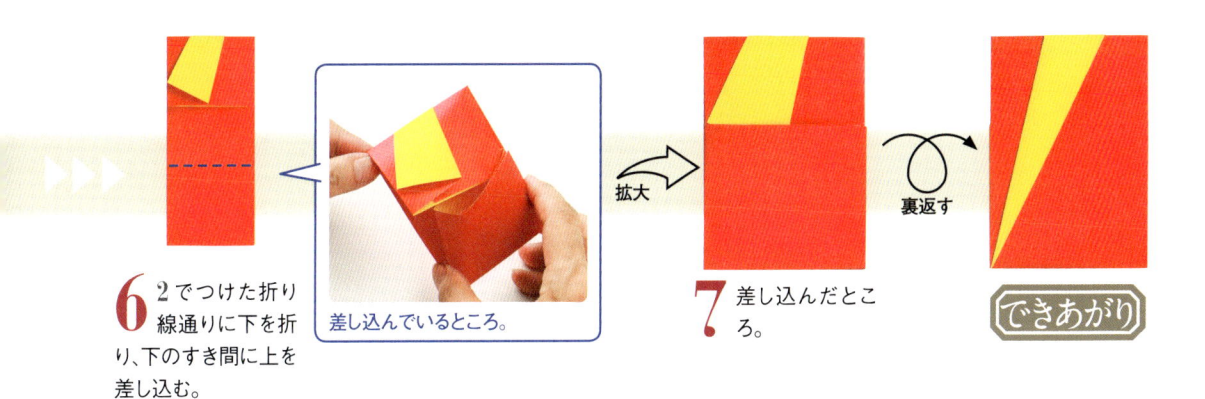

ぽち袋（斜めラインひねりタイプ）

材料
20 × 18cm　　1枚

※ぽち袋の細・太ストレートラインタイプ（→p123〜124）のように裏に紙を貼るときは、20×6.5cmの紙も用意しましょう。

アドバイス
折り返した部分が表面に出るので、表の柄が裏面にあまり写っていない紙がおすすめです。

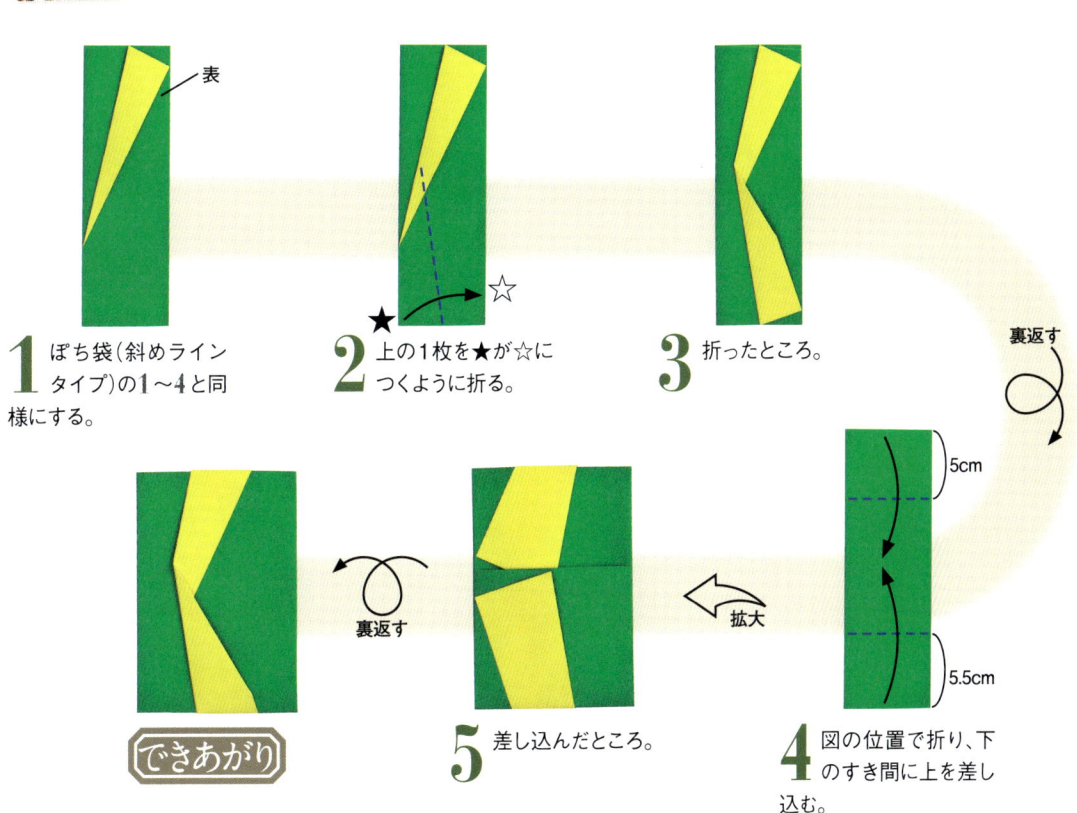

表

1 ぽち袋（斜めラインタイプ）の1〜4と同様にする。

2 上の1枚を★が☆につくように折る。

3 折ったところ。

裏返す

4 図の位置で折り、下のすき間に上を差し込む。

5cm

5.5cm

拡大

5 差し込んだところ。

裏返す

できあがり

125

祝儀袋

お祝いの席に自分で折った祝儀袋を持っていけたら素敵です。
お金を包む内包みもいっしょに覚えておきましょう。

祝儀袋 1

材料

祝儀袋
- 袋：47 × 39cm　　1枚
- 飾り：18 × 7cm　　1枚
- 帯：1 × 30cm　　1枚

のし
- のし：5 × 5cm　　1枚
- 飾り：8 × 0.4cm　　1枚
- 帯：0.3 × 5cm　　1枚

アドバイス

慶事のときは、プロセス11のように下の紙が上になるようにします。折る順番を間違えないように注意しましょう。

袋を作る

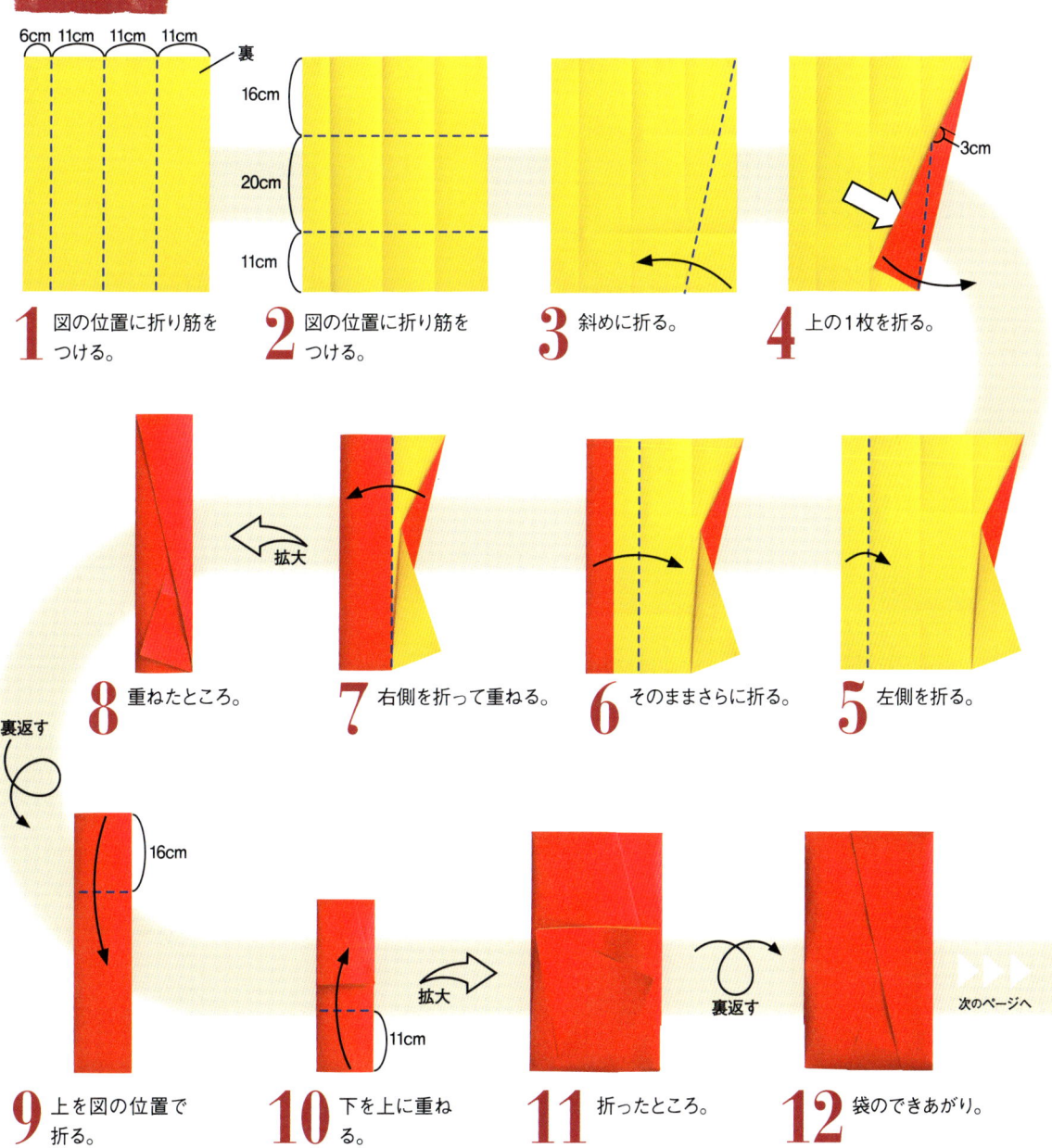

1 図の位置に折り筋をつける。

2 図の位置に折り筋をつける。

3 斜めに折る。

4 上の1枚を折る。

5 左側を折る。

6 そのままさらに折る。

7 右側を折って重ねる。

8 重ねたところ。

9 上を図の位置で折る。

10 下を上に重ねる。

11 折ったところ。

12 袋のできあがり。

次のページへ

飾りを作る

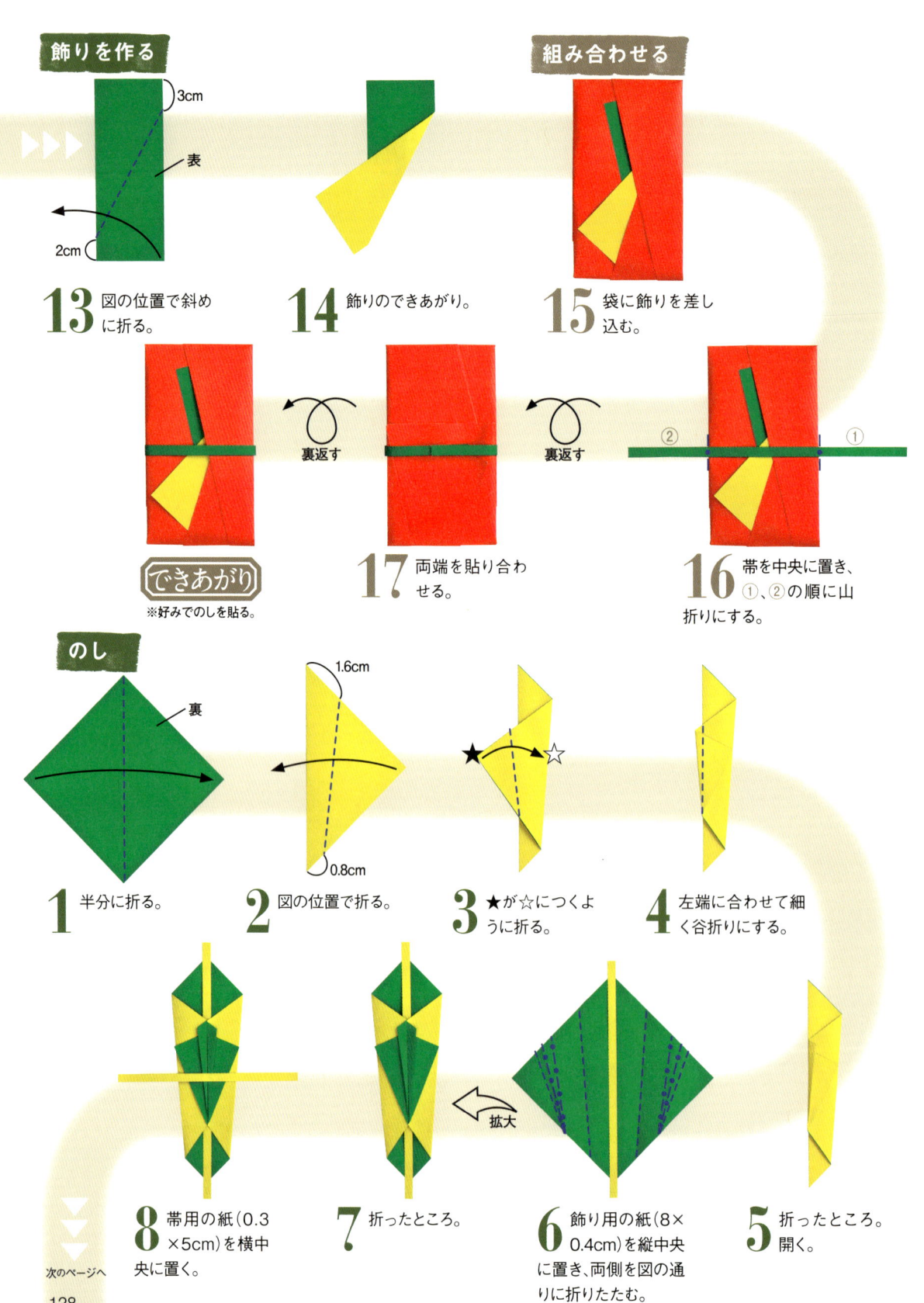

13 図の位置で斜めに折る。

14 飾りのできあがり。

組み合わせる

15 袋に飾りを差し込む。

16 帯を中央に置き、①、②の順に山折りにする。

17 両端を貼り合わせる。

できあがり
※好みでのしを貼る。

のし

1 半分に折る。

2 図の位置で折る。

3 ★が☆につくように折る。

4 左端に合わせて細く谷折りにする。

5 折ったところ。開く。

6 飾り用の紙(8×0.4cm)を縦中央に置き、両側を図の通りに折りたたむ。

7 折ったところ。

8 帯用の紙(0.3×5cm)を横中央に置く。

次のページへ

128

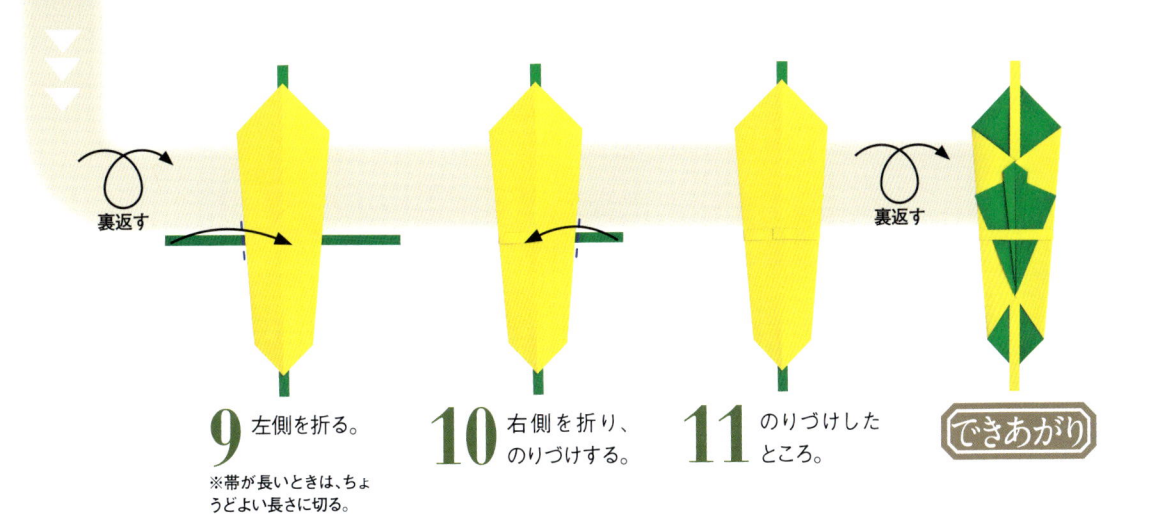

9 左側を折る。

※帯が長いときは、ちょうどよい長さに切る。

10 右側を折り、のりづけする。

11 のりづけしたところ。

できあがり

裏返す

祝儀袋2

材料

袋：48 × 39cm	1枚
飾り：48 × 13cm	1枚
帯：1 × 30cm	1枚

アドバイス

ここで使っている紙は、檀紙という位が最高級のもの。中に入れるお金が高額のときに使います。

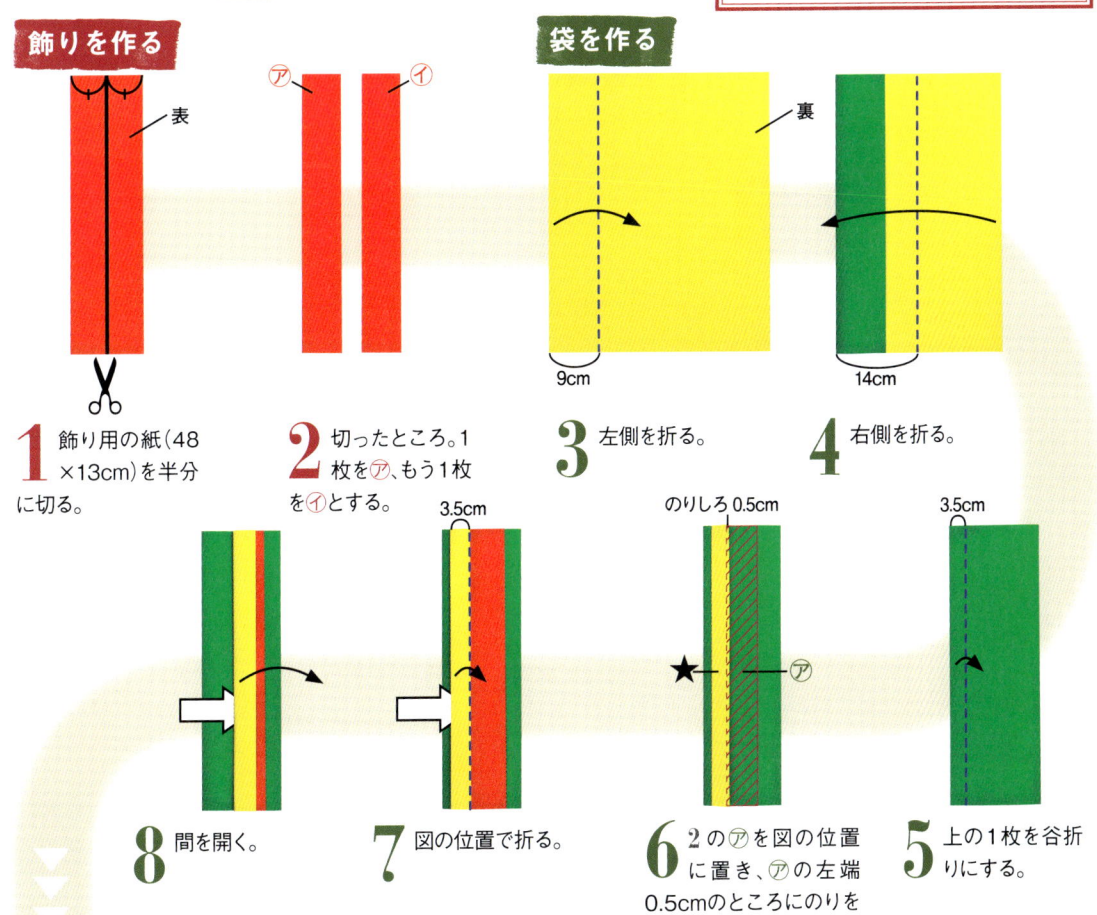

飾りを作る

表

㋐　㋑

1 飾り用の紙(48×13cm)を半分に切る。

2 切ったところ。1枚を㋐、もう1枚を㋑とする。

袋を作る

裏

9cm　　14cm

3 左側を折る。

4 右側を折る。

8 間を開く。

7 図の位置で折る。　3.5cm

6 2の㋐を図の位置に置き、㋐の左端0.5cmのところにのりをつけ、★の紙の下に貼る。　のりしろ 0.5cm　★　㋐

5 上の1枚を谷折りにする。　3.5cm

次のページへ

129

9 開いたところ。

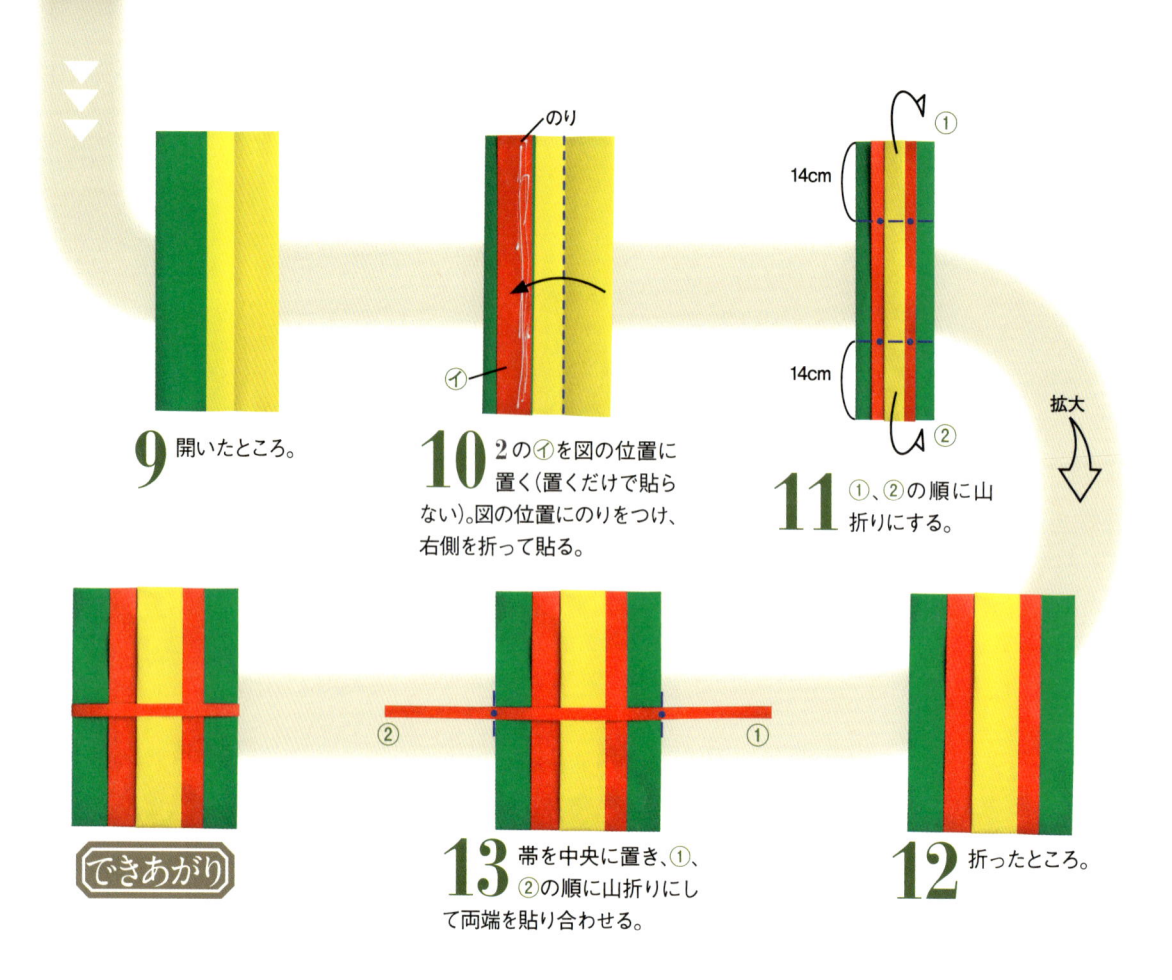

10 2の⑦を図の位置に置く（置くだけで貼らない）。図の位置にのりをつけ、右側を折って貼る。

のり

⑦

11 ①、②の順に山折りにする。

14cm
14cm

拡大

できあがり

13 帯を中央に置き、①、②の順に山折りにして両端を貼り合わせる。

12 折ったところ。

内包み

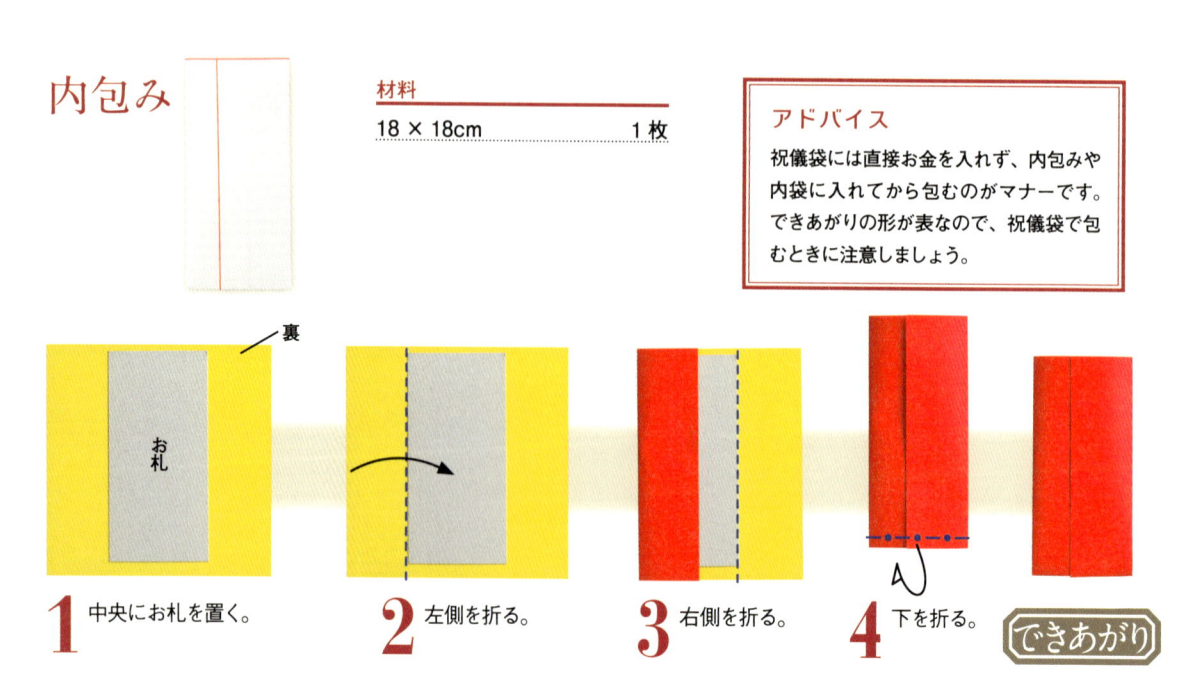

材料
18 × 18cm　　1枚

アドバイス
祝儀袋には直接お金を入れず、内包みや内袋に入れてから包むのがマナーです。できあがりの形が表なので、祝儀袋で包むときに注意しましょう。

1 中央にお札を置く。

裏
お札

2 左側を折る。

3 右側を折る。

4 下を折る。

できあがり

六角たとうと八角たとう

紙を折りたたんだあとも開けたり閉じたりできる「たとう」。
小銭や裁縫道具など、小さなものを入れるのに向いています。

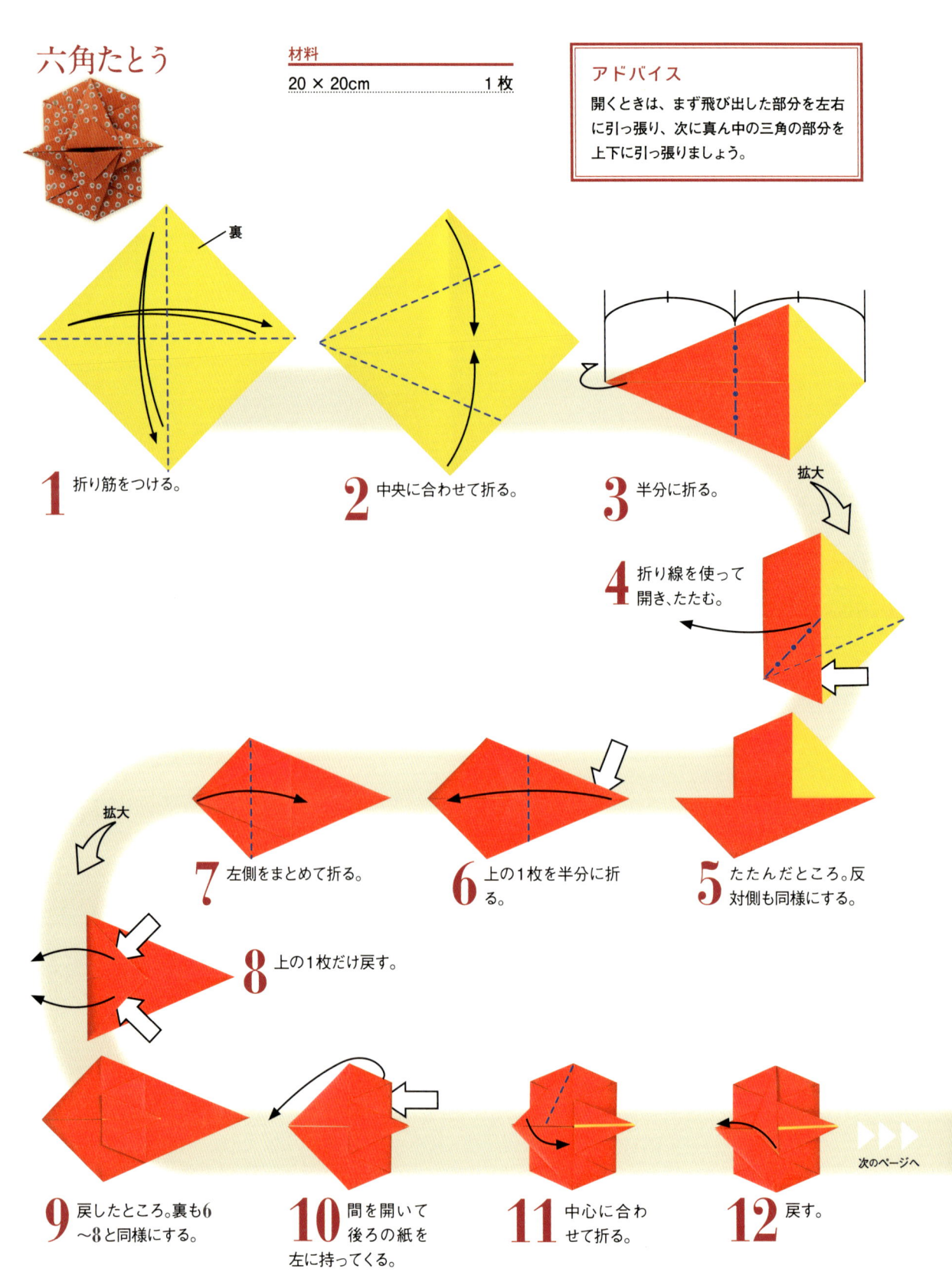

六角たとう

材料
20 × 20cm　　　1枚

アドバイス
開くときは、まず飛び出した部分を左右に引っ張り、次に真ん中の三角の部分を上下に引っ張りましょう。

1 折り筋をつける。

2 中央に合わせて折る。

3 半分に折る。

4 折り線を使って開き、たたむ。

5 たたんだところ。反対側も同様にする。

6 上の1枚を半分に折る。

7 左側をまとめて折る。

8 上の1枚だけ戻す。

9 戻したところ。裏も6〜8と同様にする。

10 間を開いて後ろの紙を左に持ってくる。

11 中心に合わせて折る。

12 戻す。

▶▶▶ 次のページへ

132

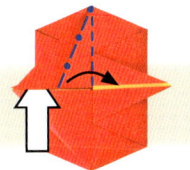

13 折り線を使い、開いてたたむ。

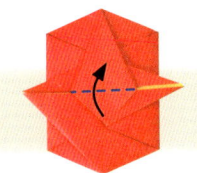

14 三角の部分を折る。

15 折ったところ。反対側も11〜14と同様にする。

できあがり

八角たとう

材料
20 × 20cm　　　1枚

アドバイス
折りたたんでいくときのポイントは、中心がずれないようにすること。一辺の真ん中と八角形の中心が合っているかを確認しながら折りたたみましょう。

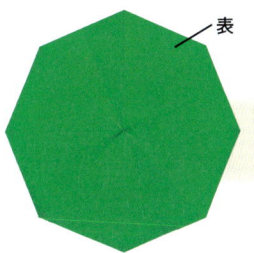

1 正八角形(→p16)を作る。

2 角を折る。

3 残りの角も同様にする。

裏返す

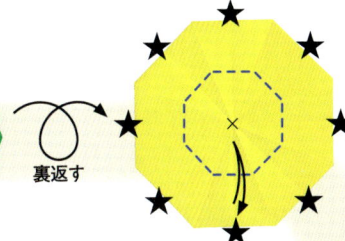

4 ★を中心に合わせて折り、図の通りに折り筋をつける。

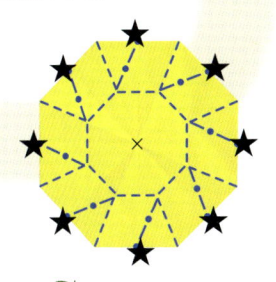

5 ★を中心に合わせながら、図の通りに右回りにたたんでいく。

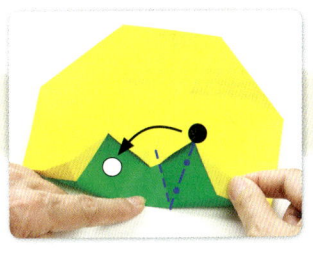

6 たたんでいるところ。●と○を合わせてたたむ。

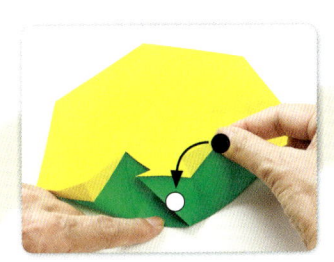

7 右回りに、同様にしてたたんでいく。

8 最後の部分は、最初にたたんだ部分を少し開いて、押し込むようにしてたたむ。

できあがり

香り包みと薬包み

香り包みはポプリのほか、小さくて薄いものを入れられます。
薬包みは、粉薬などを包むときに使っていた折り方です。

香り包み

材料
24 × 24cm　　1枚

アドバイス
三角の部分を左右に引っ張ると、開いて箱の形になります。折り筋通りにたためば、元に戻すのも簡単です。

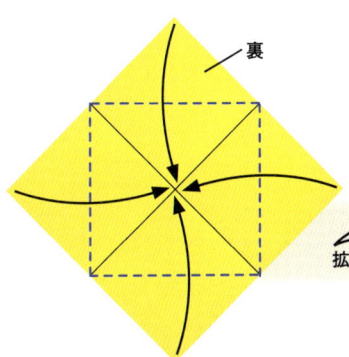

1 四角の折り筋をつけたざぶとん折り（→p9アドバイス）にする。

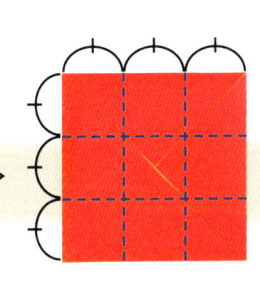

2 図の位置に折り筋をつける。

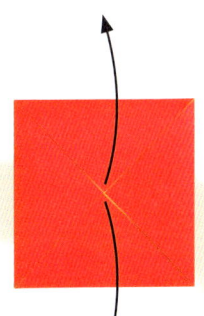

3 上下を開く。

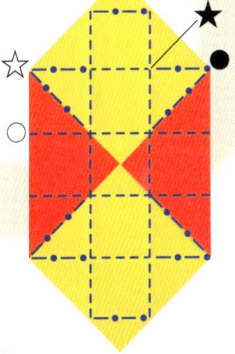

4 山折りの折り筋をつけ、★と☆、●と○がつくようにして立体にする。

5 ●と○をつけているところ。そのまま谷折りにする。

6 反対側も4～5と同様にする。

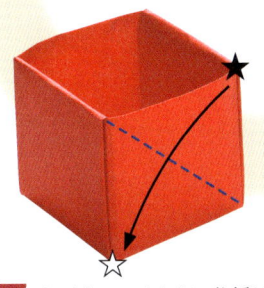

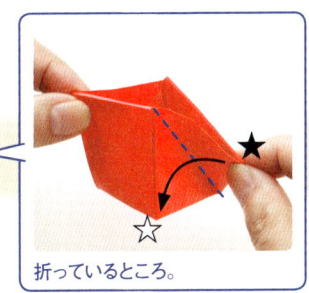

7 ★が☆につくように谷折りにして、折り筋をつける。

折っているところ。

8 折り筋をつけたところ。残り3カ所も7と同様にする。

次のページへ

135

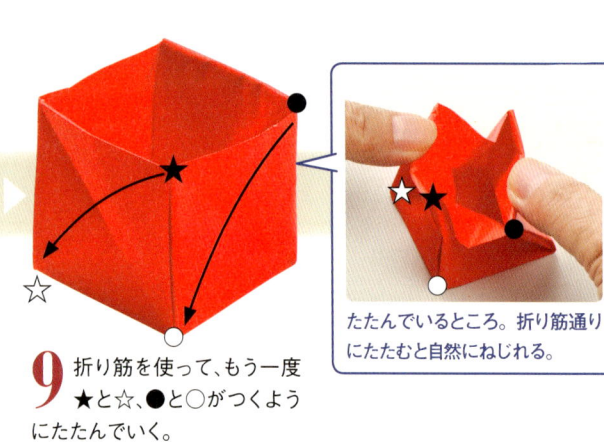

9 折り筋を使って、もう一度★と☆、●と○がつくようにたたんでいく。

たたんでいるところ。折り筋通りにたたむと自然にねじれる。

10 たたんだところ。

できあがり

薬包み

材料
15 × 15cm　　1枚

アドバイス
植物の種や、赤飯にふるごま塩などを包んでもいいでしょう。薬を包んでいたくらいですから、細かいものでも大丈夫。

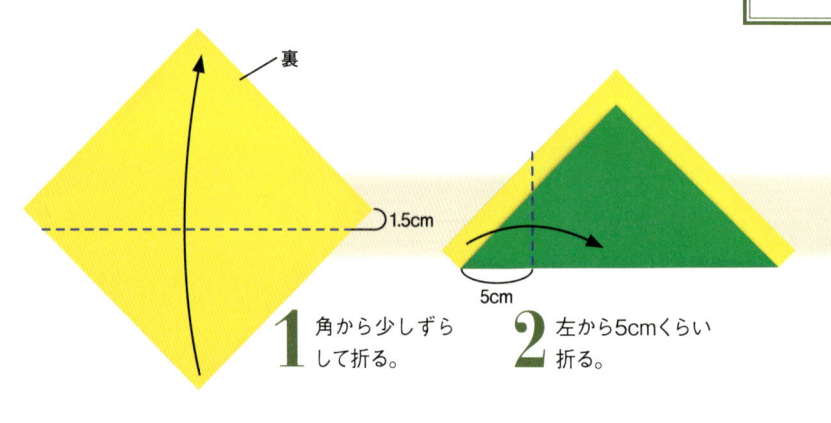

1 角から少しずらして折る。

1.5cm

2 左から5cmくらい折る。

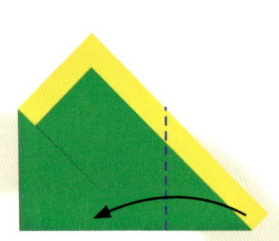

5cm

3 右の角が左の角に重なるように折る。

拡大

4 図の位置で折る。

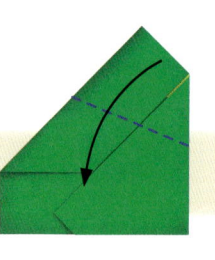

5 図の位置で折る。

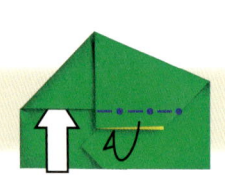

6 すき間に差し込むように折る。

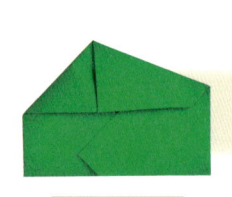

できあがり

136

プレゼントボックス

1枚の紙で作る箱で、上部を左右に引っ張って開けます。
紙のサイズを変えれば、好みの大きさのものを入れられます。

プレゼントボックス

材料
36 × 36cm　　　　1枚

> **アドバイス**
> 折り線を間違えずにきちんとつけるのがポイント。作る前に一度別の紙で折って、折り線を確かめてみるといいでしょう。

1 斜め半分にして角を合わせ、中心を少し押さえて、折り筋をつける。

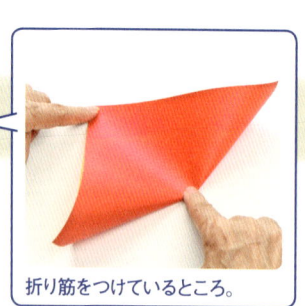

折り筋をつけているところ。

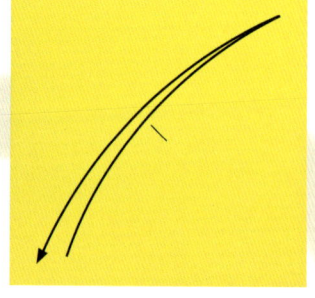

2 逆方向に斜め半分にして角を合わせ、中心に折り筋をつける。

折り筋をつけているところ。

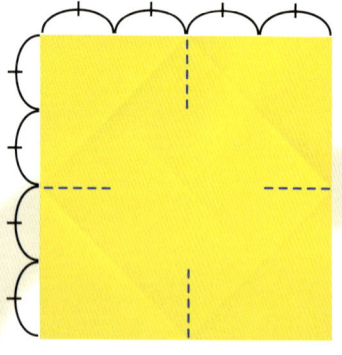

4 縦横半分に折り、図の部分にだけ折り筋をつける。

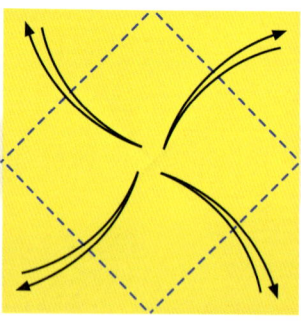

3 角を中心に合わせて、折り筋をつける。

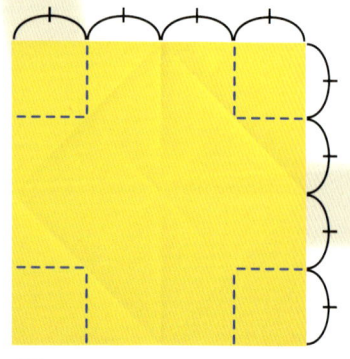

5 4等分に折り、図の部分にだけ折り筋をつける。

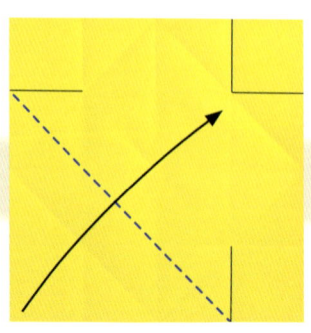

6 図の位置で折る。

7 戻す。

次のページへ

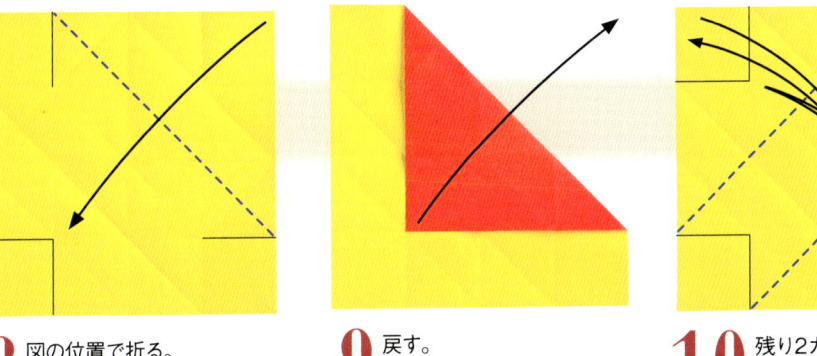

8 図の位置で折る。

9 戻す。

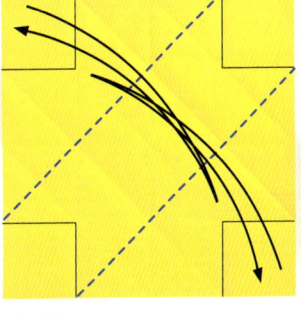

10 残り2カ所も6〜9と同様に折り筋をつける。

拡大

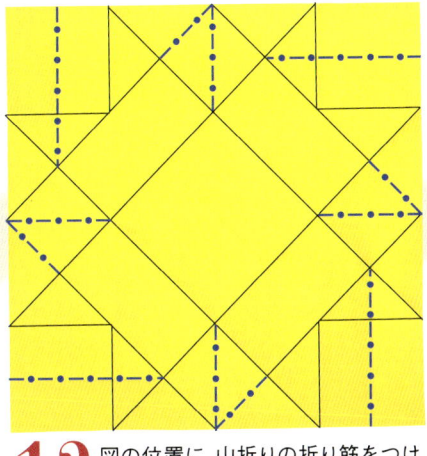

12 図の位置に、山折りの折り筋をつける。

11 ここまでにつけた折り筋のようす。

13 山折りの折り筋をつけた角を持ち、折り線を使ってたたんでいく。

14 折り線に従って角を作りながら、たたむ。

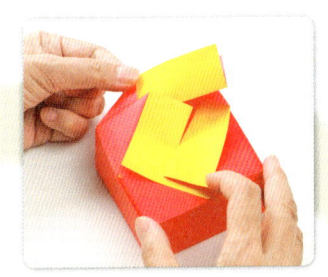

15 最後の角を差し込んで形をととのえる。

できあがり

花の小箱

箱の上に花をあしらったら、こんなにかわいい箱になりました。
箱と花の紙の色をそろえると、統一感が出て素敵です。

原案　中島進

花の小箱

材料
箱 : 21 × 21cm　1枚
ふた : 22 × 22cm　1枚
花 : 11 × 11cm　1枚

> **アドバイス**
> ふたをするときは、少し浮かせるようにしてかぶせるといいでしょう。箱の色がちらりと見えてかわいいです。

箱

1 ざぶとん折り（→p9）にする。

拡大

2 折り筋をつける。

3 上下を開く。

4 山折りの折り筋をつけ、★と☆がつくように折る。

5 ●と〇がつくように折る。

6 反対側も4と同様にする。

7 ●と〇がつくように折る。

できあがり

ふた

1 ざぶとん折り（→p9）にする。

拡大

2 折ったところ。

裏返す

3 折り筋をつける。

次のページへ

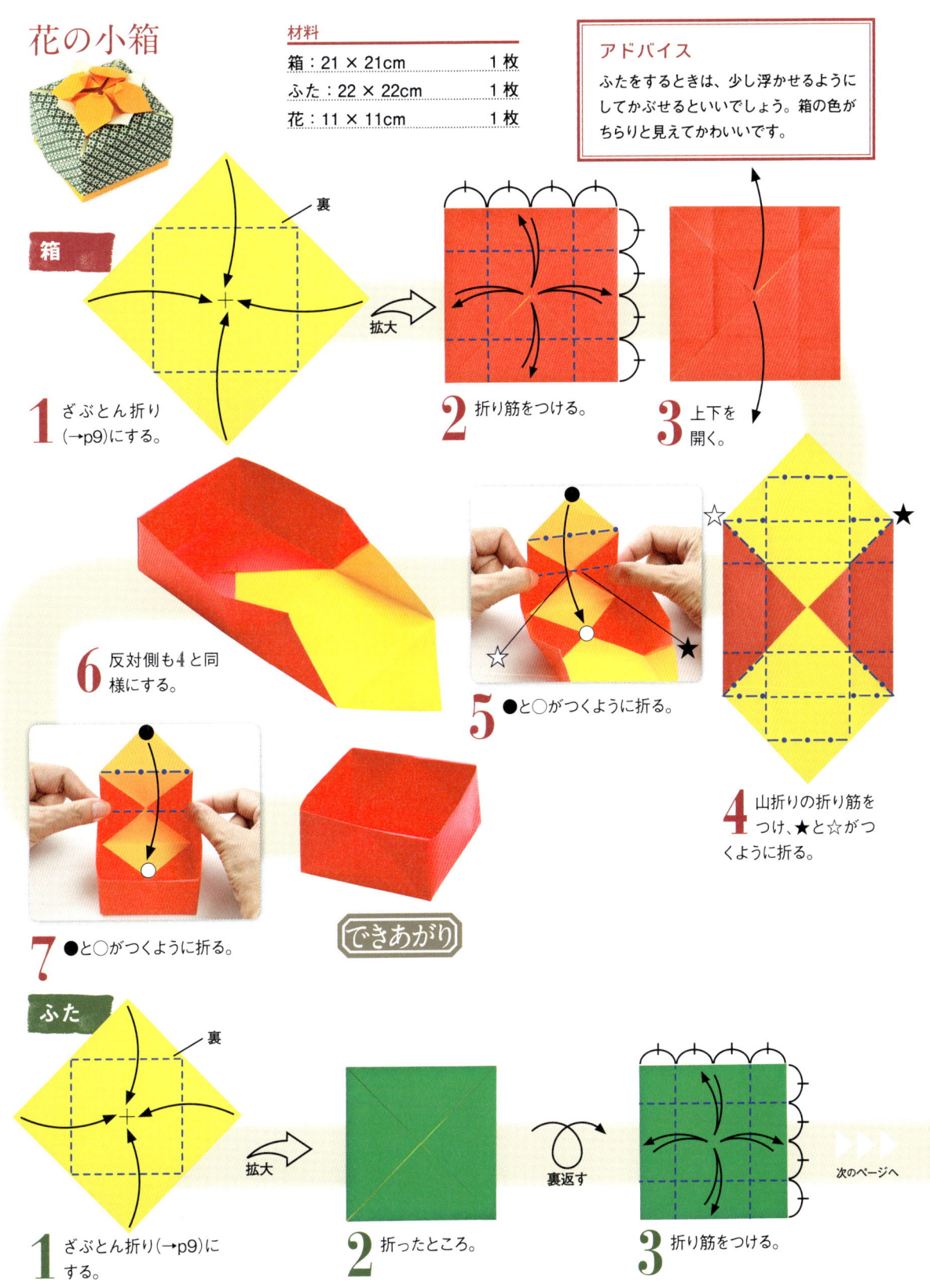

141

4 3でつけた線に合わせて、中心の4つの角を折る。

裏返す

5 折ったところ。

裏返す

6 中央に合わせて上下を折る。

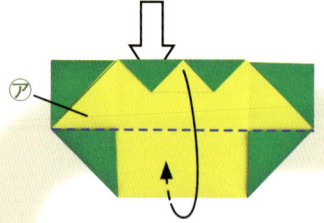

拡大

9 ⑦の部分を下げ、裏へかぶせるように戻す。

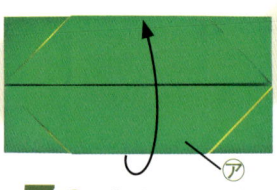

8 角を折る。

7 ⑦の部分を上の1枚のみ上げる。

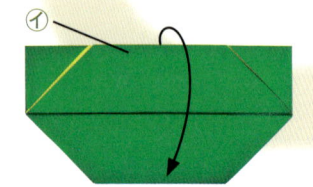

10 ⑦の部分を上の1枚のみ下げる。

11 角を折る。

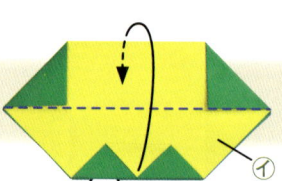

12 ⑦の部分を上げ、裏へかぶせるように戻す。

13 間を開き、形をととのえる。

開いているところ。

裏返す

できあがり

花

梅の花の1〜6と同様にする(→p67)。

組み合わせ方

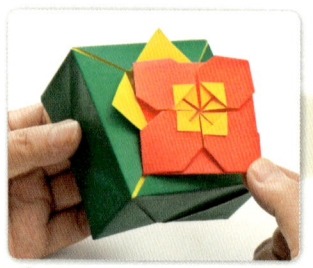

1 花の下の部分を、ふたの三角の下のすき間に差し込む。

2 残り3カ所も同様にして差し込む。これを箱にかぶせる。

できあがり

持ち手つきかごと小鉢

持ち手あり、なしの2種類の容器です。花かごにするほか、
菓子や雑貨などを入れてもいいでしょう。

持ち手つきかご

材料
43 × 43cm　　1枚

> **アドバイス**
> 花を飾るならば、防水性のある紙を選びましょう。花屋で買ってきた包みのまま飾るのもかわいいです。

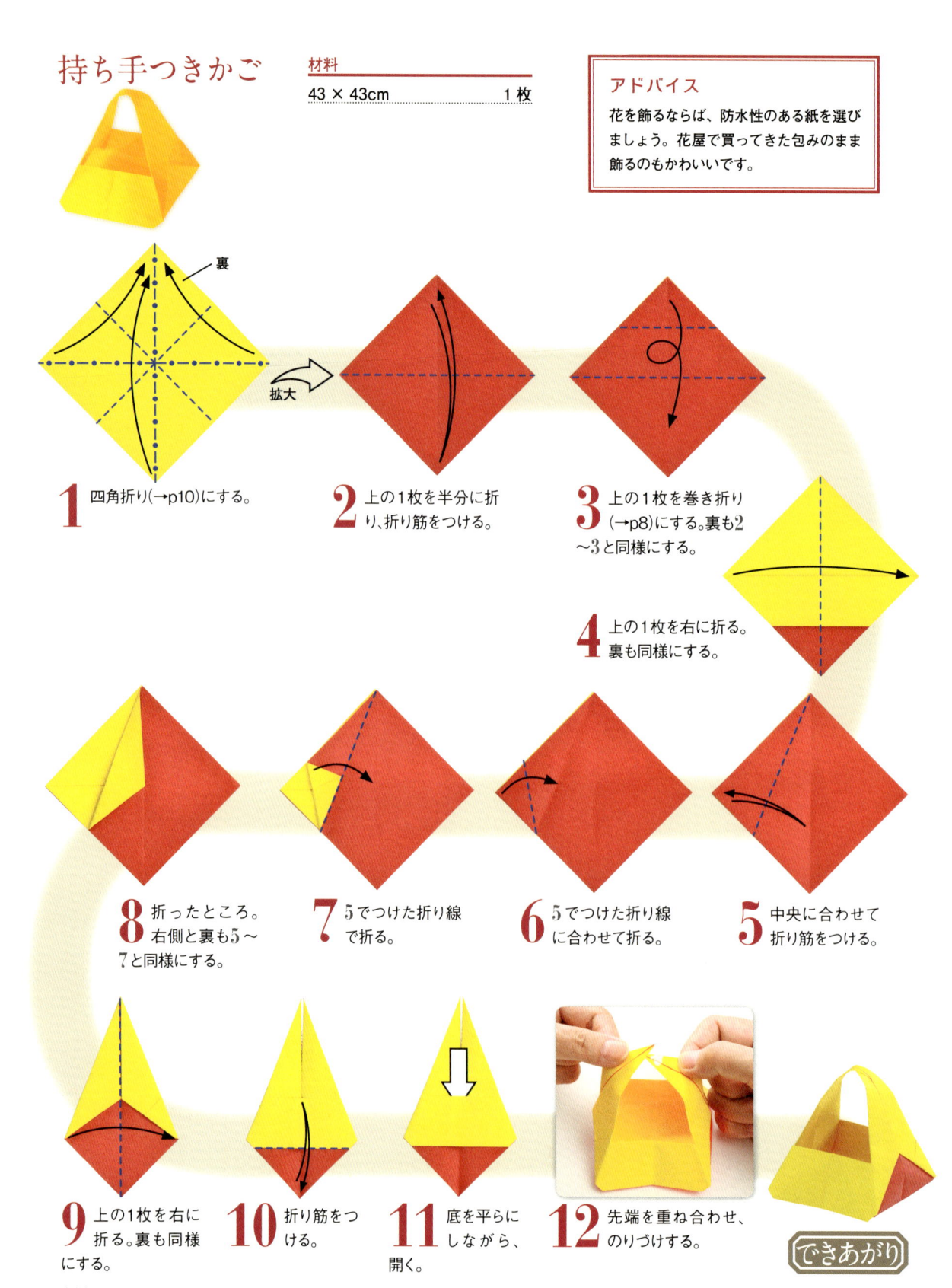

1 四角折り(→p10)にする。

2 上の1枚を半分に折り、折り筋をつける。

3 上の1枚を巻き折り(→p8)にする。裏も2〜3と同様にする。

4 上の1枚を右に折る。裏も同様にする。

5 中央に合わせて折り筋をつける。

6 5でつけた折り線に合わせて折る。

7 5でつけた折り線で折る。

8 折ったところ。右側と裏も5〜7と同様にする。

9 上の1枚を右に折る。裏も同様にする。

10 折り筋をつける。

11 底を平らにしながら、開く。

12 先端を重ね合わせ、のりづけする。

できあがり

小鉢

材料
29 × 29cm　　　1枚

アドバイス
大きさを少しずつ変えて5個作り、向きを交互にして入れ子にするとバラの花のようになり、置物としても楽しめます。

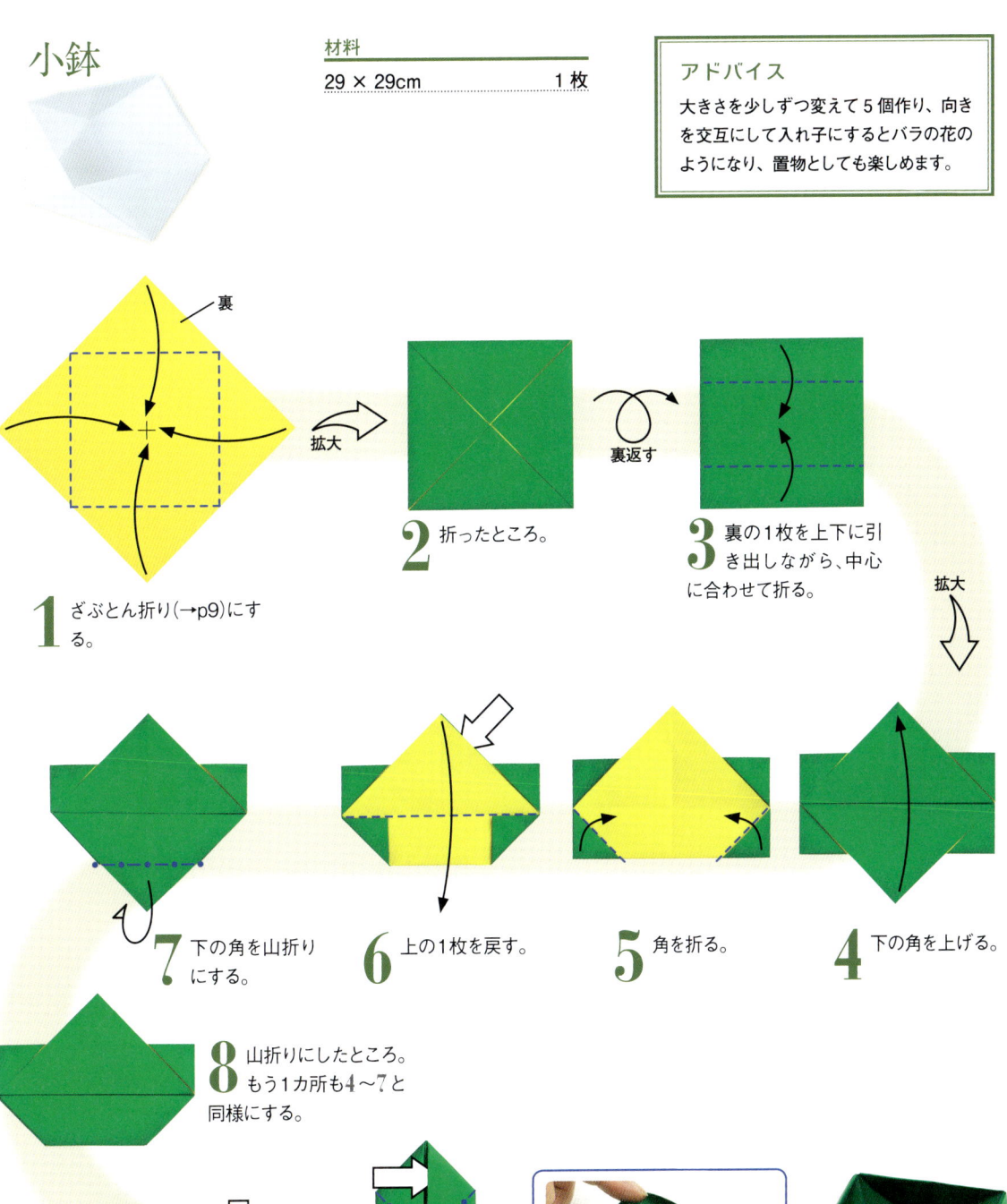

1. ざぶとん折り(→p9)にする。
2. 折ったところ。
3. 裏の1枚を上下に引き出しながら、中心に合わせて折る。
4. 下の角を上げる。
5. 角を折る。
6. 上の1枚を戻す。
7. 下の角を山折りにする。
8. 山折りにしたところ。もう1カ所も4〜7と同様にする。 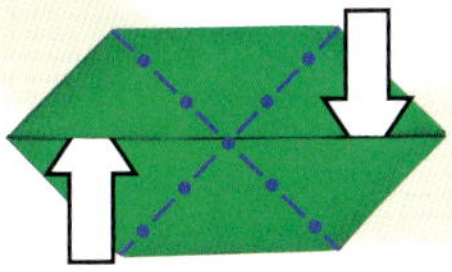
9. 図の位置に折り筋をつけ、開いて山折りにする。 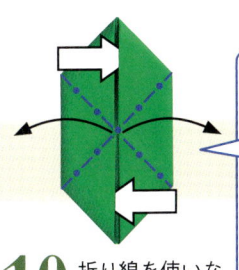
10. 折り線を使いながら開いて形をととのえる。

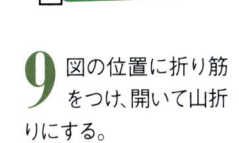

角をつけながら開いているところ。

できあがり

小鳥でモビール

飛行を優雅に楽しんでいるかのような、小鳥たち。
モビールに仕立てれば、部屋の素敵なアクセントに。

小鳥

材料
14.5 × 14.5cm　　1枚

※モビールを作るときは、小鳥の背中あたりに数カ所穴をあけて糸を通し、適当な長さに切った竹串に結びつけて吊り下げます。

> **アドバイス**
> あける穴の数は作品の重さによります。バランスがとれるように様子を見ながら調整しましょう。ここでは4つの穴をあけ、4点で支えています。

1 折り筋をつける。　　表

2 半分に折る。

3 図の位置でまとめて折る。

4 上の1枚を折る。

5 半分に折る。

6 上の1枚を斜めに折る。

7 図の位置で山折りにする。

拡大

8 先端を中割り折り（→p8）にする。

9 中割り折りにしたところ。

10 切り込みを入れ、羽を広げる。

できあがり

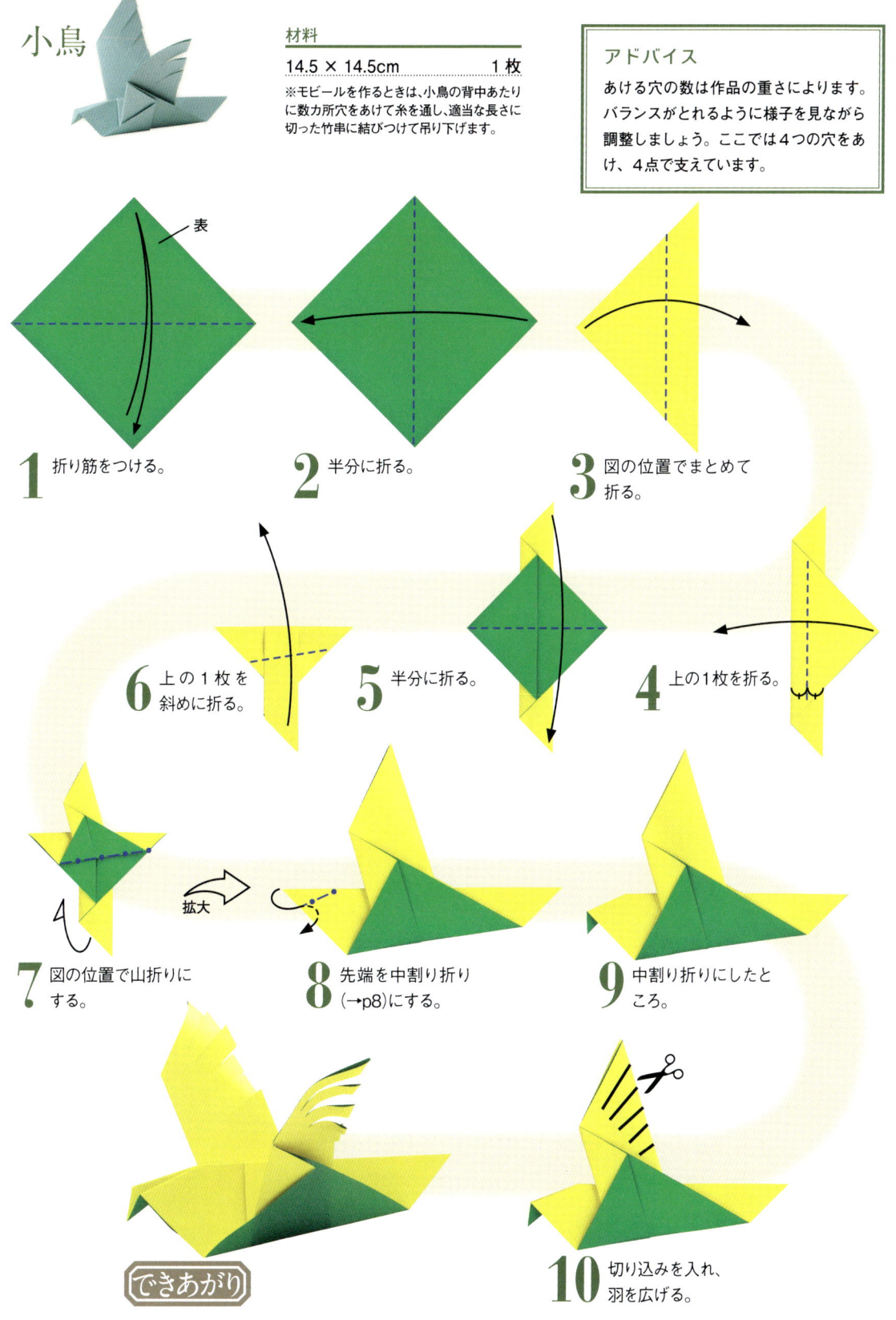

コースターとポット敷き

ほっとするティータイムに、手作り雑貨で彩りを添えて。
同じパーツを組み合わせていくだけなので、とても簡単です。

コースターとポット敷き

材料
コースター：8×8cm　8枚
ポット敷き：12×12cm　8枚

アドバイス
表にすると三角模様が浮き立ち、裏にすると紙の模様が楽しめます。どちらを上にしてもきれいです。

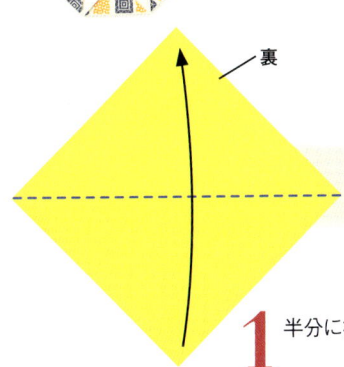

1 半分に折る。

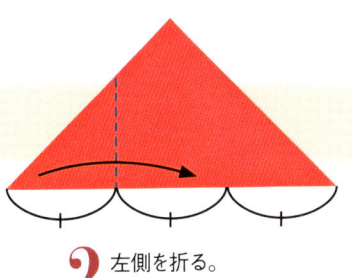

2 左側を折る。

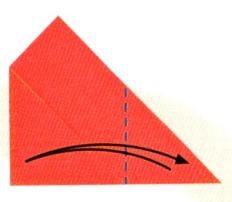

3 折り筋をつける。

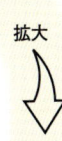

拡大

4 ⑦のすき間に右側の端を差し込む。

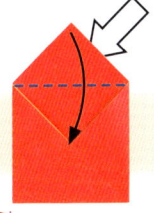

5 上の1枚を折り、のりづけする。

6 パーツひとつが完成。同じものを計8つ作る。

7 折り筋をつける。

裏返す

8 7で折り筋をつけた三角部分の表と裏にのりをつけ、もうひとつのパーツに差し込んで組み合わせる。
※わかりやすいように、差し込むパーツの色を変えています。

9 図の位置にのりをつけ、折り線を使って折る。

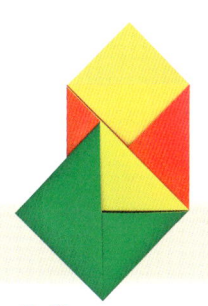

のり

10 組み合わせたところ。同様にして残りのパーツも組み合わせていく。

11 最後のパーツの三角部分を最初のパーツのすき間に差し込み、のりづけする。

できあがり

149

和風の箸袋とあやめの箸袋

食事の席を優雅な雰囲気にしてくれそうな2種類の箸袋。
どちらも品のよさを感じる仕上がりです。

アレンジ（あやめの箸袋） 湯浅信江

和風の箸袋

材料
18 × 13cm　　　　1枚

> **アドバイス**
> 作り方はとてもシンプルなので、紙選びにこだわって。入れ口の三角の部分に赤い紙など色のついた紙を貼ってもいいでしょう。

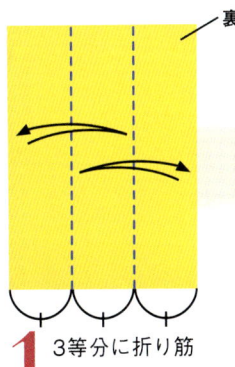

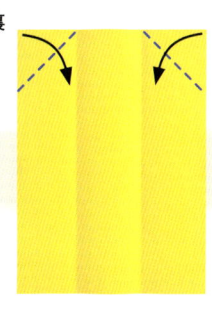

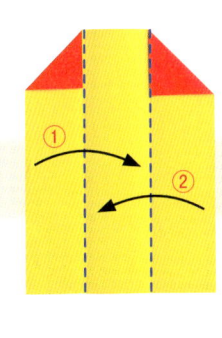

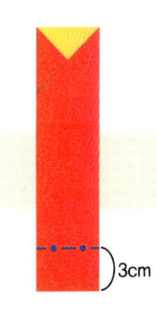

1 3等分に折り筋をつける。

2 角を折る。

3 ①、②の順に折る。

4 下3cmを山折りにする。

できあがり

あやめの箸袋

材料
24 × 12cm　　　　1枚

> **アドバイス**
> プロセス 4 で上を折り返す回数は、中に入れる箸の長さに合わせて変えて、調整しましょう。

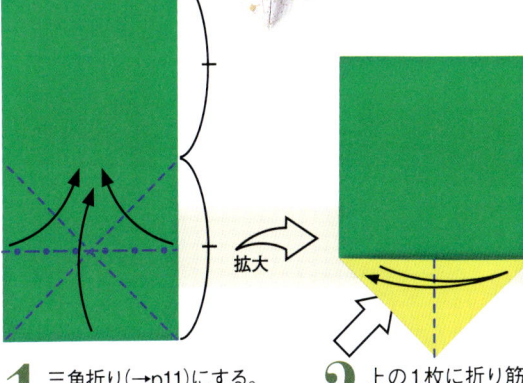

1 三角折り(→p11)にする。

2 上の1枚に折り筋をつける。

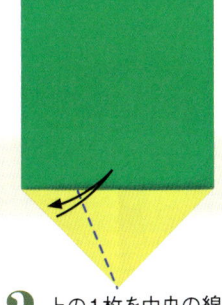

3 上の1枚を中央の線に合わせて折り、折り筋をつける。

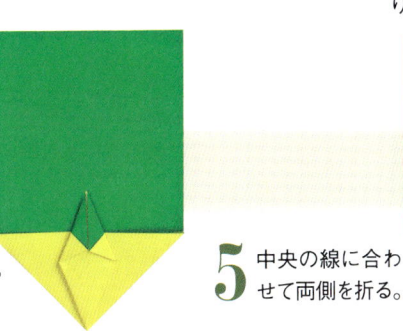

4 間を開いてたたむ。

5 中央の線に合わせて両側を折る。

6 折ったところ。戻す。

次のページへ

7 間を開いて、たたむ。

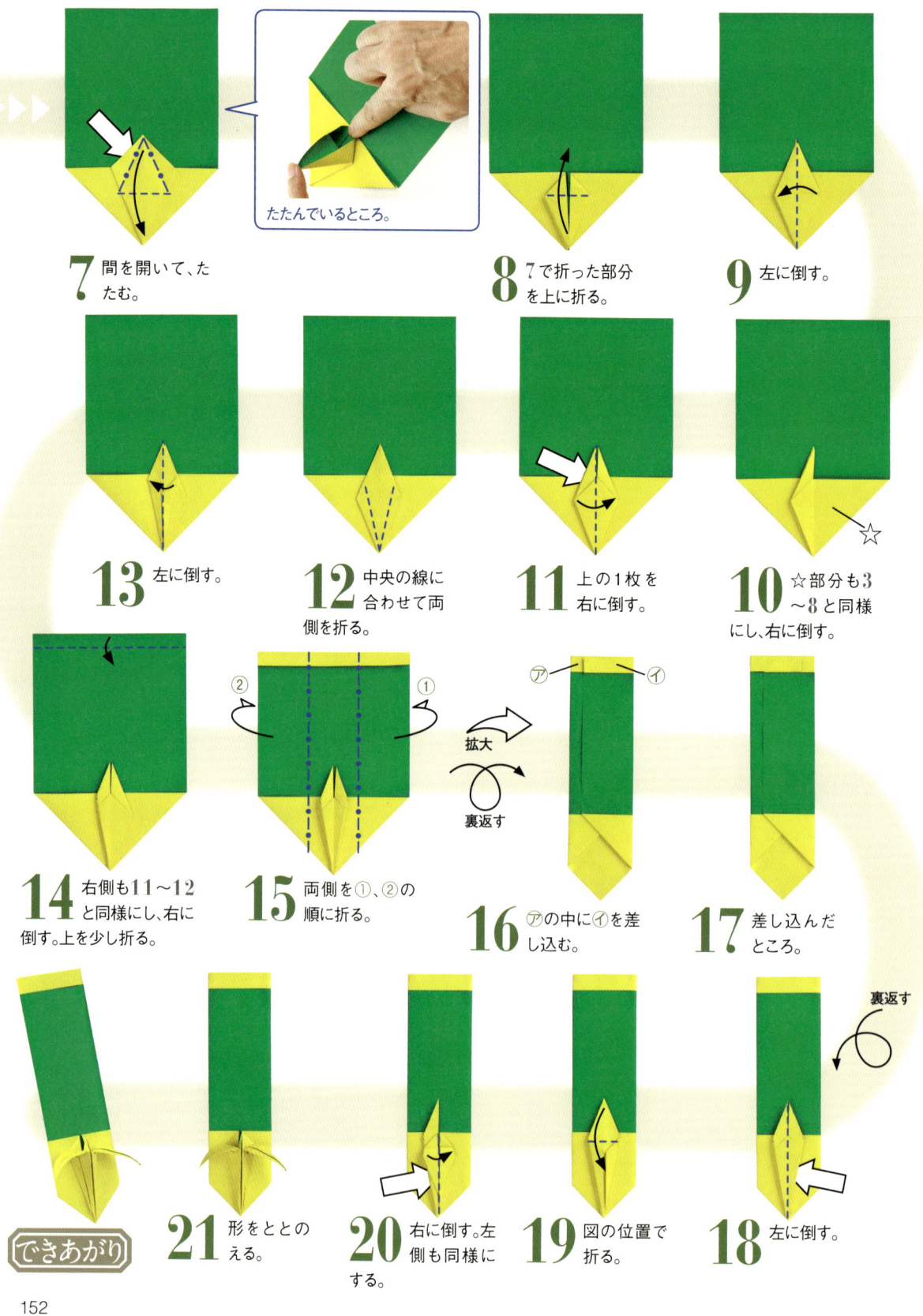

たたんでいるところ。

8 7で折った部分を上に折る。

9 左に倒す。

13 左に倒す。

12 中央の線に合わせて両側を折る。

11 上の1枚を右に倒す。

10 ☆部分も3〜8と同様にし、右に倒す。

14 右側も11〜12と同様にし、右に倒す。上を少し折る。

15 両側を①、②の順に折る。

拡大　裏返す

16 ㋐の中に㋑を差し込む。

17 差し込んだところ。

裏返す

できあがり

21 形をととのえる。

20 右に倒す。左側も同様にする。

19 図の位置で折る。

18 左に倒す。

152

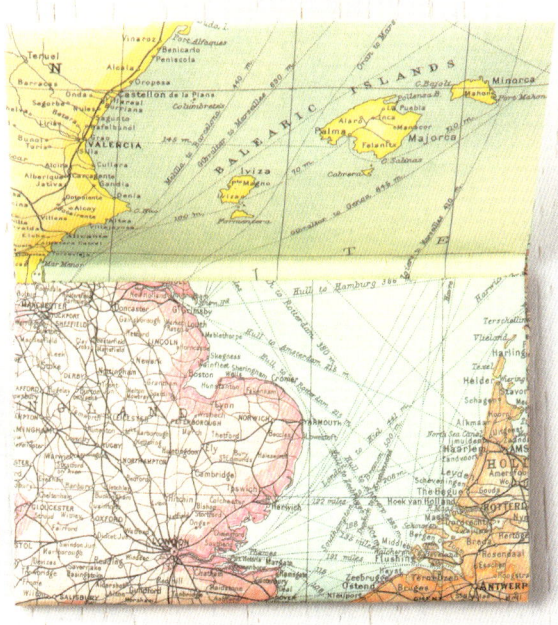

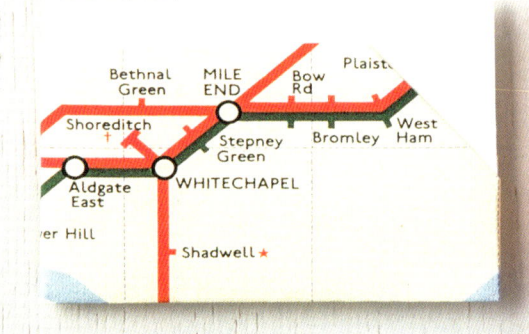

カードケース2種

ふたのあるタイプ、ないタイプの2種類をご紹介。
和紙、洋紙でそれぞれ違った雰囲気に仕上がります。

アレンジ(ふたつき・外ポケットタイプ)　湯浅信江
原案(ふたなしタイプ)　藤田文章
アレンジ(ふたなしタイプ)　中島進

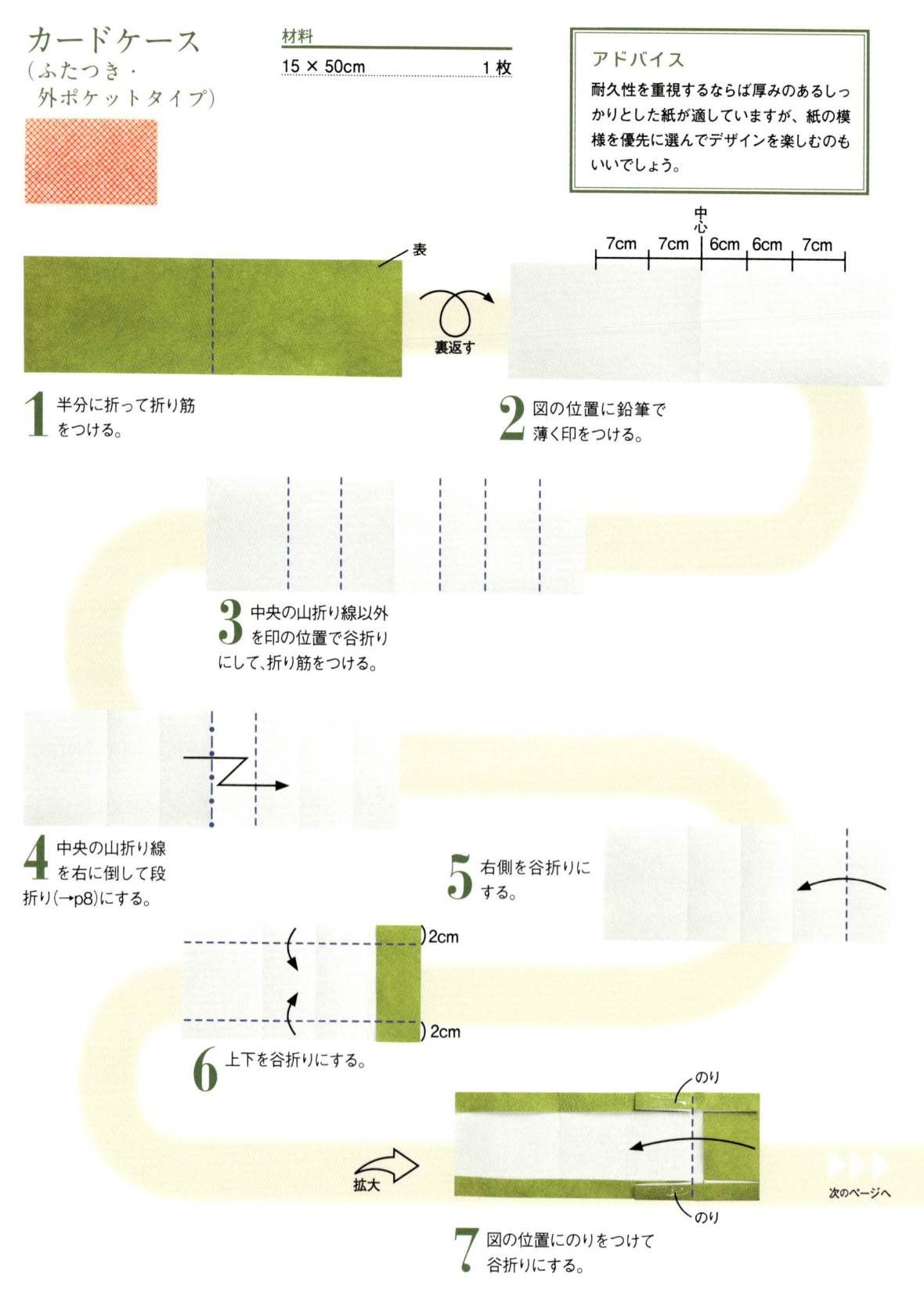

カードケース
（ふたつき・外ポケットタイプ）

材料
15 × 50cm　　1枚

アドバイス
耐久性を重視するならば厚みのあるしっかりとした紙が適していますが、紙の模様を優先に選んでデザインを楽しむのもいいでしょう。

1 半分に折って折り筋をつける。

2 図の位置に鉛筆で薄く印をつける。

（7cm／7cm／中心／6cm／6cm／7cm）

3 中央の山折り線以外を印の位置で谷折りにして、折り筋をつける。

4 中央の山折り線を右に倒して段折り（→p8）にする。

5 右側を谷折りにする。

6 上下を谷折りにする。（2cm／2cm）

7 図の位置にのりをつけて谷折りにする。

次のページへ

154

8 ★を☆の中に差し込む。

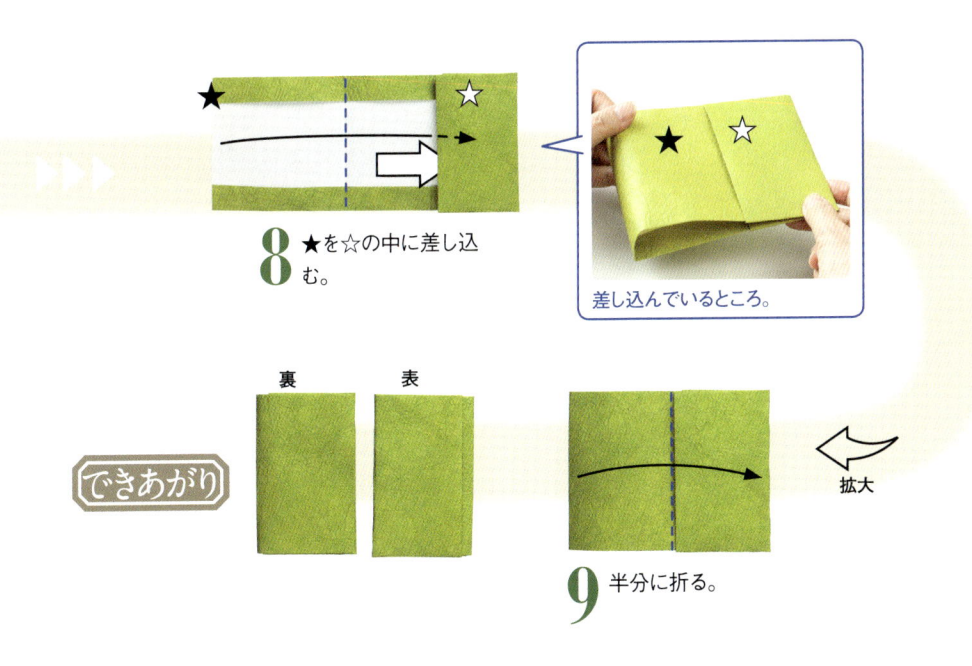

差し込んでいるところ。

できあがり 裏 表

9 半分に折る。 拡大

カードケース（ふたなしタイプ）

材料
26 × 22cm　　1枚

アドバイス
表から見たときのカードの差し込み口は右側にすることもできます。プロセス9のときに右側に折り筋をつけましょう。

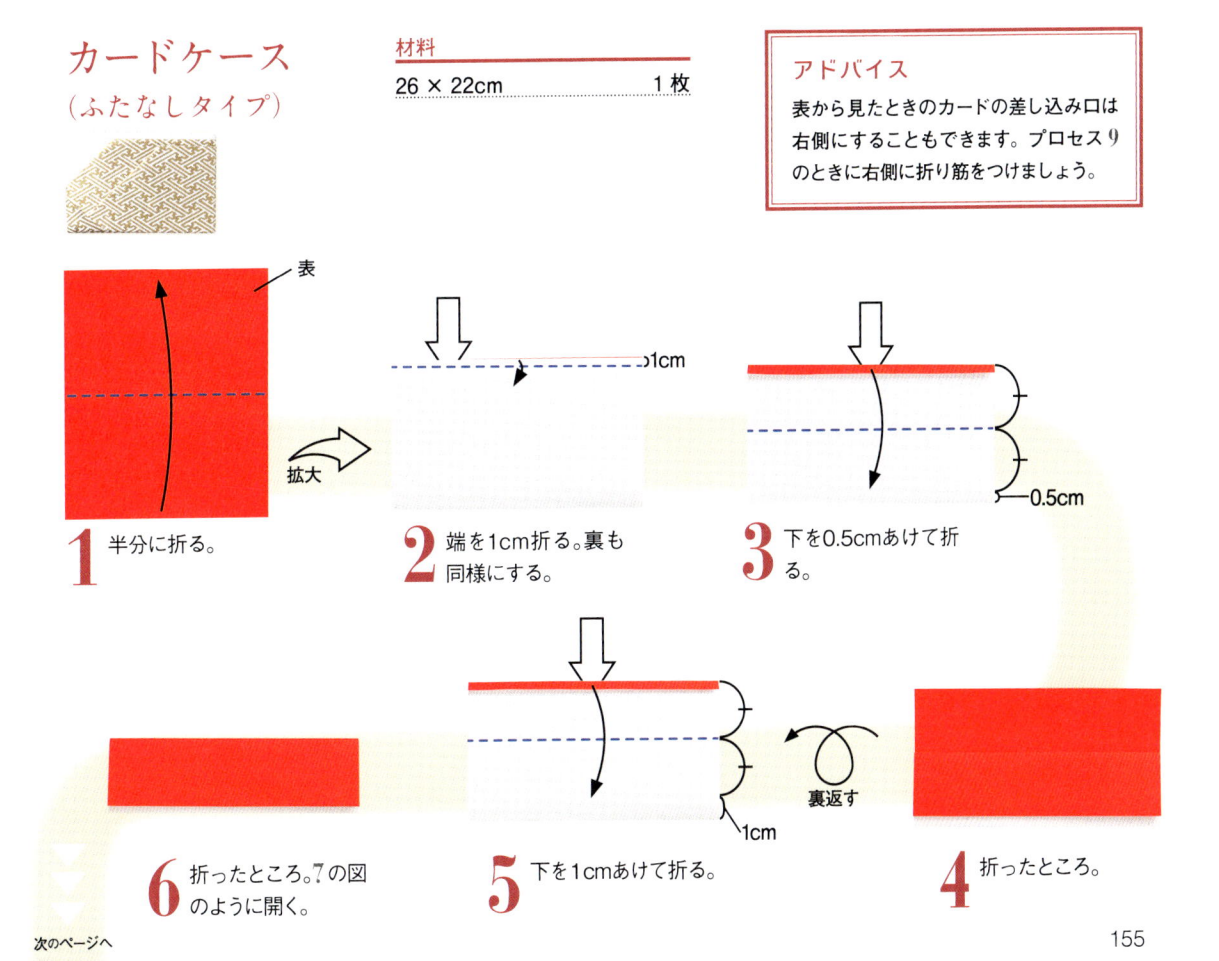

1 半分に折る。 表

拡大

2 端を1cm折る。裏も同様にする。

3 下を0.5cmあけて折る。 0.5cm

6 折ったところ。7の図のように開く。

5 下を1cmあけて折る。 1cm

裏返す

4 折ったところ。

次のページへ　　　155

7 4つの角を折る。

8 折り線に沿って折る。

9 左側に折り筋をつける。

1cm
0.5cm

裏返す

12 右下の角に、上の紙の角を差し込む。

差し込んでいるところ。

拡大

11 半分に折る。

10 9でつけた折り線通りに折る。

㋐
㋑

13 ㋐に㋑を差し込みながら、半分に折る。

差し込んでいるところ。

拡大

14 右上の角に上の紙の角を差し込む。

15 差し込んだところ。

差し込んでいるところ。

向きを変える

表　　裏

できあがり

札入れ２種

紙で作る札入れは、何より軽いのが魅力です。
ポケットの数と位置の違いで２つのタイプをご紹介します。

アレンジ（両側１段＋外ポケットタイプ）　湯浅信江

札入れ
（両側1段＋外ポケットタイプ）

材料
24 × 82cm　　1枚

アドバイス
折り筋をつけるときは定規を使うと便利。正確に折り筋がつけられるうえ、真っすぐに折れるので、きれいに仕上がります。

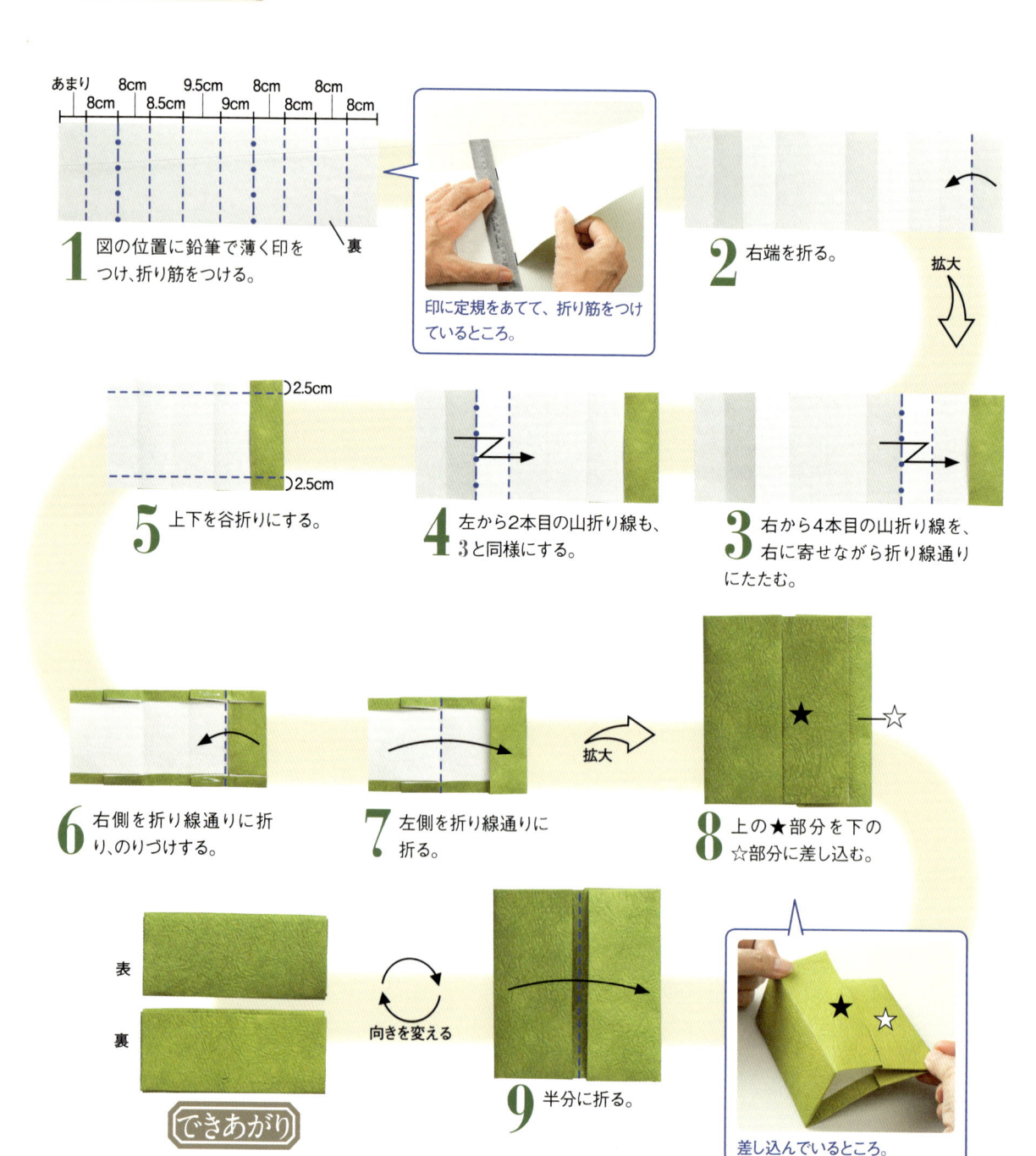

1 図の位置に鉛筆で薄く印をつけ、折り筋をつける。

あまり／8cm／8cm／8.5cm／9.5cm／9cm／8cm／8cm／8cm／8cm／裏

印に定規をあてて、折り筋をつけているところ。

2 右端を折る。

拡大

3 右から4本目の山折り線を、右に寄せながら折り線通りにたたむ。

4 左から2本目の山折り線も、3と同様にする。

5 上下を谷折りにする。
2.5cm／2.5cm

6 右側を折り線通りに折り、のりづけする。

7 左側を折り線通りに折る。

拡大

8 上の★部分を下の☆部分に差し込む。

表／裏

できあがり

向きを変える

9 半分に折る。

差し込んでいるところ。

158

札入れ
（片側2段ポケットタイプ）

材料
24 × 63cm　　　1枚

アドバイス
プロセス6で左右の折り幅を変えると、差し込むときに入れやすく、よれずにきれいに仕上がります。

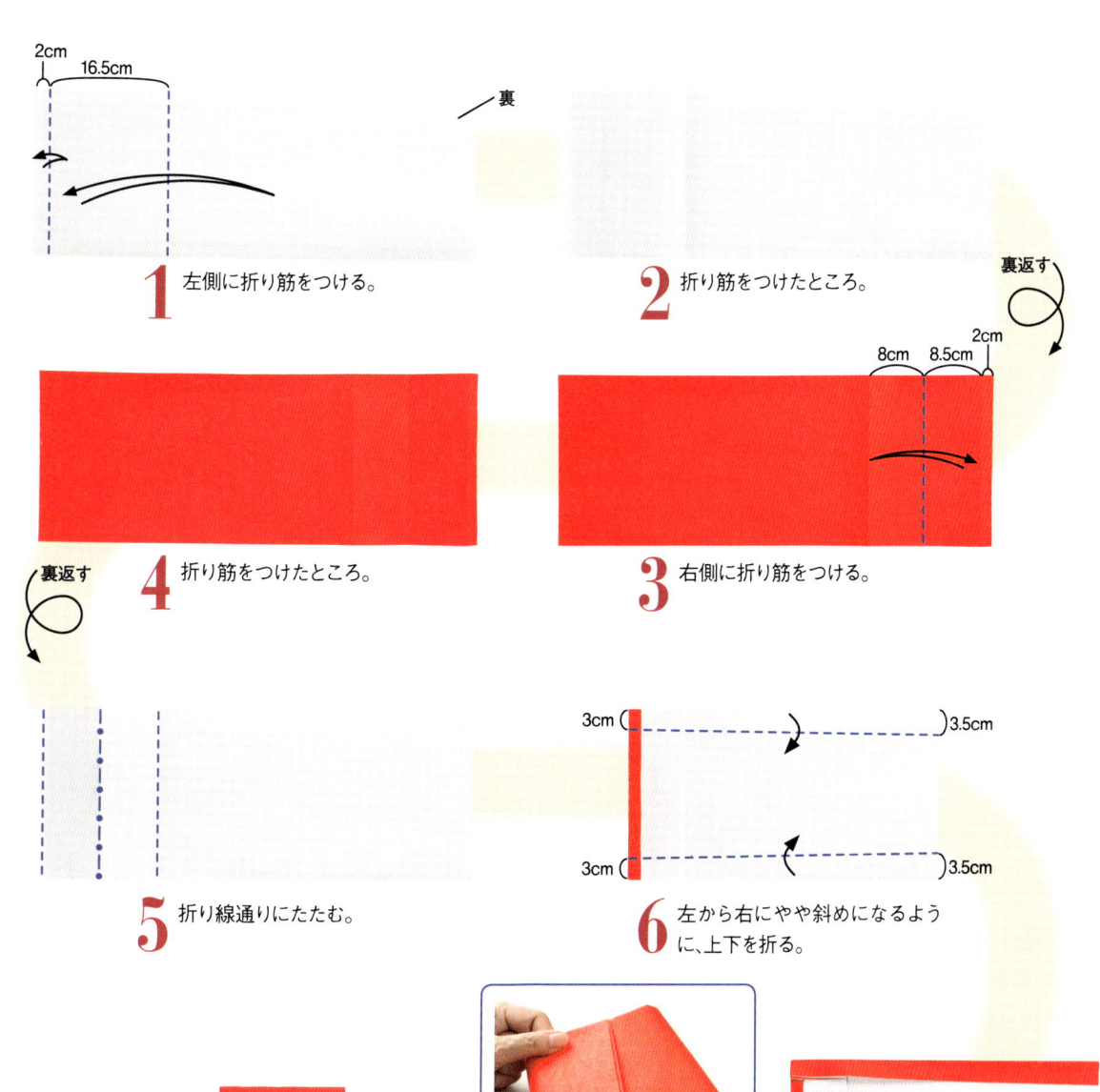

1 左側に折り筋をつける。

2 折り筋をつけたところ。

3 右側に折り筋をつける。

4 折り筋をつけたところ。

5 折り線通りにたたむ。

6 左から右にやや斜めになるように、上下を折る。

7 両端を中央で合わせ、右端を左端のすき間に入れ、しっかり差し込む。

上から2枚目と3枚目の間に差し込む。ポケット状の部分ではないので注意。

8 半分に折る。

できあがり